齋藤 孝

今日から実践できる成功哲学

「フランクリン」超・入門

Remember that time is money.

三笠書房

まえがき

「ひたすら勤勉に、愉快に人生を駆け抜けた」生き方に学ぶ

フランクリンの『自伝』は、自伝の傑作といわれる古典なので、私も学生時代に読んだことがあった。そのときも優れた人物だとは思ったが、その真価を知るようになったのは最近だ。

自分が一人前の大人として複雑な事態に対処しなければならない局面に置かれ、経験を積むうちに、フランクリンの「すごさ」に改めて感銘を受けるようになった。

フランクリンの「すごさ」は、バランス感覚にある。どんな細い道でも、たとえ綱一本の上でも、足を踏み外さない。バランスのいい人は、なんでも自然にやっているように見えてしまうので、経験の浅い人には「すごみ」がわかりにくい。だから、フランクリンを通俗的な人物だと決めつける人がいてもふしぎはない。

私たちは孔子のように君子の道、仁の道をひたすら歩むことが必ずしもできない。

利益も追求したい。ゴータマ・ブッダのように欲を捨て、執着を捨てる道へ完全に入るのも勇気がいる。その点フランクリンは、「利益」と「筋」を見事に調和させた人物なだけに、現代の資本主義社会に生きる私たちにとって非常に身近なお手本である。

フランクリンの生きた初期の資本主義社会は、現代のグローバルなマネーゲームとは違って、人間の顔が見えるものだった。私たちにとってお手本となるのは、人間の血が通ったつき合いをしながら豊かになっていく、フランクリンの道ではないか。

「日本資本主義の父」と呼ばれる渋沢栄一は『論語と算盤』を著《あらわ》し、経済的利益の追求と道徳・倫理の追求は矛盾するものではなく、むしろ両立すべきものであると説いた（ちなみに私は、フランクリンとの共通点について、自著『渋沢栄一とフランクリン』（致知出版社）で詳しく述べた）。

アメリカでは、二〇世紀前半にデール・カーネギーが『道は開ける』、『人を動かす』を発刊。古今東西のエピソードから教訓を導き出す手法により、自己啓発書の定番として今日《こんにち》でも世界中で高い人気を誇っている。またナポレオン・ヒルは、同時代の成功者への膨大な取材を通じ、「成功哲学」を確立した。その著書『思考は現実化する』も稀代《きたい》のロングセラーだ。これらをテキストとして、それぞれの時代に、ビジネスと心の関係が論じられてきたわけだ。

では、そういった成功哲学の原点はどこにあるのか。

その問いに対する答えが、『フランクリン自伝』である。

フランクリンはアメリカ建国前後の科学者であり、政治家であり、実業家でもある。貧しい印刷工から身を起こし、一歩ずつ積み上げて、最終的には莫大《ばくだい》な富とあらゆる名誉を手に入れた。アメリカに初めて公立図書館をつくった人物であり、ベストセラー『貧しいリチャードの暦』の著者でもある。

また科学者として避雷針などを発明し、独立宣言書の起草委員の一人として名を連《つら》ね、「アメリカ資本主義の育ての親」とも呼ばれている。現在の日本での知名度はいま一つだが、アメリカでは間違いなく大偉人だ。一〇〇ドル紙幣に描かれている人物といえば、もっとわかりやすいだろう。

ちなみに、ほぼ同時代に活躍したアメリカ初代大統領ジョージ・ワシントンは「一ドル紙幣」と「二五セント硬貨」に描かれている。人物の価値は〝お金〟で判断できないとはいえ、アメリカでどちらがより尊敬を集めているか、推して知るべしである。

フランクリンの生まれは一七〇六年のボストン。一三歳で「時事小唄」をつくって売り歩き、一五歳で兄の創刊した新聞に匿名《とくめい》で寄稿している。信じられないほど早熟だ。

ただ、最初から順風満帆だったわけではない。一八歳で印刷業者として独立を志《こころざ》し、機材を買うために初めてロンドンに渡る。ところが後押ししてくれた人物に裏切られ、現地で印刷工として働くことになる。アメリカに戻ったのは二〇歳のときだった。

それでもグレたり折れたりせず、むしろ逆境を糧《かて》にして逞《たくま》しさを増した。二一歳のときには有能な仲間を集めてお互いの向上を図る「ジャントー・クラブ」なるものをつくり、二二歳で念願の印刷所開設にこぎ着ける。この二つが、その後の活躍の拠点となっていくのである。

「ジャントー・クラブ」での活動は、今日もあるフィラデルフィア図書館やペンシルベニア大学の設立に結びついた。また消防団や夜警団の設置など、地域への貢献を提案・議論する場にもなった。社会事業家としてのフランクリンを育て、後年、政治家として活躍する足掛かりをつくったわけだ。

また後者の印刷所は、のちに新聞の発行と『貧しいリチャードの暦』の出版につながった。あるいは今日でいう〝フランチャイズ展開〟も各地で実施した。これらが、莫大な富の源泉となったのである。

同時に、「ジャントー・クラブ」での提案を印刷して広く啓蒙《けいもう》に努めたり、公的機関や有力者からの印刷依頼を請《う》け負って知己《ちき》を得たりもしている。結果的にいくつもの顔を持つフランクリンだが、印刷業こそ原点だったのである。

詳細は本章で述べるが、その後の活躍ぶりは肩書を並べるだけでもわかるだろう。政治的にはペンシルベニア州会議長、アメリカ郵政長官、アメリカ独立宣言書起草委員などを歴任。軍事的には短期間ながらペンシルベニア義勇軍連隊長に就任。また学問的には、イギリス学士院会員の他、アメリカ学術協会初代会長の任にも就いている。

八四歳でその生涯を閉じるまで、ひたすら勤勉に、愉快に駆け抜けた感がある。

これだけの成功を収めた人物なら、その秘訣を聞きたくなるのは世の必定だ。それに応えるように書き残したのが『自伝』である。往々にして偉人の自伝というと、実際以上に自分の功績を誇ったり、逆に「誰々のおかげ」と謙遜して事実を曲げてしまうことがよくある。しかしフランクリンの『自伝』に、そういう脚色は皆無だ。

それには理由がある。まず、誰もが認める大成功者だから、それ以上に自分を誇る必要がない。一方で自分の努力や社会貢献の成果について、こと細かに淡々と語っている部分もあるし、他人の忠告や裏切りを綴《つづ》ったり、あるいは自身の性格について冷静な分析を試みている部分もある。つまり、きわめて客観的で正直な人物なのである。

ついでにいえば、『自伝』の冒頭には、自分の子孫に〈私が取り用いた有益な手段〉を伝えると記されている。いわば実用書として書かれたものだから、誇張も謙遜も必要ない。子孫も真似《まね》して成功してもらいたいという発想にもとづき、自《みずか》らの体験をありのままに語っているのである。

Contents

Chapter 2

常にフェアであれ
——確実な成果を得る「成功習慣」

Chapter 3

勝つことより大切なもの
――確実な信頼を得る「人間関係術」

Chapter 4

自分に限界をつくらない——どんな状況でも「強く生きる知恵」

本書の引用は、松本慎一・西川正身訳『フランクリン自伝』(岩波文庫)より行いました。

Prologue

成功哲学の原点はフランクリンにあり

時間は貨幣だ。
信用は貨幣だ。

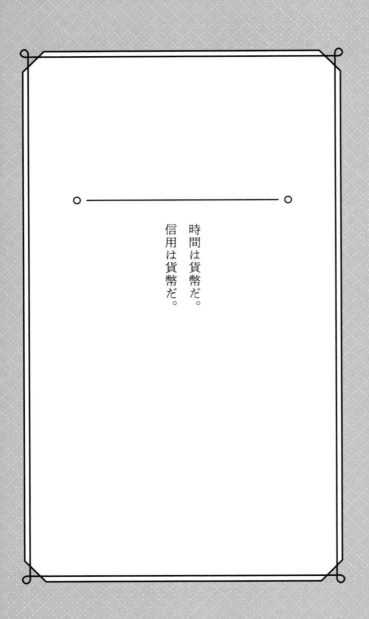

01

利益と倫理観を共存させる

なぜ一八世紀末に書かれたフランクリンの『自伝』が啓蒙書の源流であり、かつ現代人にとって〝使える〟のか。それは、私たちが今なお資本主義の世界に生きているからだ。

フランクリンを高く評価する一人に、社会学者マックス・ヴェーバーがいる。その著書『プロテスタンティズムの倫理と資本主義の精神』は、近代資本主義の発展をキリスト教との関係から解き明かしたものとして有名だ。実は資本主義らしきものは、古代のインドや中国にも存在していた。だが社会システムとして定着させ、本格的な発展に導いたのは、近代ヨーロッパのプロテスタントだった。

それはなぜか。ルターやカルヴァンによる宗教改革から生まれた、より真摯《しんし》に神や聖書と向きあうはずのプロテスタントと、「金こそすべて」のような資本主義は、一見すると対立する存在のようにも思える。しかし、両者には「倫理観」が共通しているという。その具現者として、ヴェーバーはフランクリンを取り上げたのである。

同書では、フランクリンの「時間は貨幣だ」「信用は貨幣だ」「五シリングの貨幣を殺せば、それで生み得たはずのいっさいの貨幣――数十ポンドの貨幣を殺し尽くすことになる」「すべての取引で時間を守り法に違わぬことほど、青年が世の中で成功するために役立つものはない」といった言葉を引用しつつ、〈資本主義の「精神」を、ほとんど古典的と言いうるほど純粋に包含〉していると評している（引用は大塚久雄訳、岩波文庫より）。これらが単なる処世術ではなく、資本主義を生き抜くために欠かせない根本的な倫理観であると説いたのである。

もう少し具体的に見てみよう。

キリストは「金持ちは天国の狭い門から入れない」といった〝教え〟を残している。

この世で金を持てば持つほど、天国では貧しくなるという発想だ。その観点からいえば、資本主義に乗って資本を蓄えた者、あるいは蓄えようとした者は、天国では浮かばれないはずである。

ところが、そうではないとヴェーバーは説く。そのキーワードが「ベルーフ(Beruf)」だ。これは「天職」を指すドイツ語だが、一般的によく使われる「自分にピッタリの仕事」という意味ではなく、「神から与えられたミッション」「神の信頼に応《こた》える」というニュアンスだ。

フランクリンは幼少のころから、熱心なプロテスタント(カルヴァニスト)だった父親に「ベルーフを身につけた者は王の前に立つ」との箴言《しんげん》を繰り返し聞かされてきた。

だとすれば、ヴェーバーの言わんとしたこともわかるだろう。

神からのミッションであれば、手を抜いたり、約束を破ったり、まして悪事に走ったりなどできない。敬虔《けいけん》であるほど誠実に生き、倫理観を持ち、真面目に働くはずだ。それが人間として立派な生き方である。その当然の帰結として、人から信用され、仕事に成功し、富を蓄えるようになる。キリスト教と資本主義の目的は、ここで見事に合致するわけだ。

つまり倫理観とは、森の土壌《どじょう》のようなものともいえるだろう。そこに時代の雨が降り注ぎ、あらゆる生命が絡み合って成長していく。土壌が痩《や》せれば森も痩せ、生命活動の豊かさも失われる。その中で、あるひとつの種だけが無理やり成長しようと思えば、他の種は養分を搾取されて絶滅していくしかない。それは結局、森の多様性を失わせることであり、長期的・全体的に見ればマイナスだ。

倫理的に生きるとは、懸命に働くということ。

『自伝』からは、そんなメッセージが読み取れるのである。

02

「アメリカ資本主義」は「強欲」ではない

もっとも、最近の「アメリカ資本主義」のイメージはきわめて悪い。一連の金融危機以降、しばしば「強欲」「暴走」「弱肉強食」「マネーゲーム」「一攫千金《いっかく》」「自分さえよければ……」といった言葉とともに語られることは、周知のとおりである。

しかし、これらはアメリカ資本主義の一面しか表現していないのではないだろうか。振り返ってみれば、アメリカは傑出したビジネスパーソン・経営者を多数輩出してきた。古くはアンドリュー・カーネギーやエジソン、ヘンリー・フォードといった経営者が世界に革命をもたらし、比較的最近でもビル・ゲイツやスティーブ・ジョブズ、マイケル・デルなど、世界規模で知られるスタープレーヤーは枚挙に暇《いとま》がない。

彼らが一様に「強欲」だったかといえば、けっしてそうではないだろう。むしろ社会への奉仕、公共的な利便性の追求を前提とし、アイデアと勤勉によって成功を収め、その貢献の対価として正当な名声と報酬を得たのではないだろうか。

　こういう発想の根本にフランクリンがいる、と私は考えている。彼こそがアメリカ資本主義の本来の姿を具現化している人物であり、アメリカ的仕事観・労働観の支柱ではないか。彼を尊敬し、見習おうとする者が後を絶たなかったからこそ、アメリカは世界の富を一身に集めるに至ったのではないか。


　翻《ひるがえ》って、現代に生きる私たちはどうだろう。宗教の有無は別としても、フランクリンを支えた倫理観の柱のようなものを見失っているのではないだろうか。

　もともと私たちは、「お金は汚いもの」というイメージを持ちがちだ。それは、お金が本当に汚いからではなく、お金について学ぶ機会が少ない風土に育ったからだろう。仏教にしても神道にしても、功利主義的な発想とは相いれない。あるいは武士道にしても、利益追求とは無縁だ。大正時代には前述した『論語と算盤』も生まれたが、広く一般には定着しなかった。

一方、戦後はお金儲《もう》けの意味を問う暇《ひま》もなく、なりふり構わず走り続けること自体が柱になった。そうしなければ生きていけなかったからだ。そして成熟期を迎えた今、私たちは進むべき道を決められずにいる。自己啓発は盛んだが、それを「柱」と呼ぶにはあまりにも、心許《こころもと》ない。

一方で、「とにかく金さえ儲けられればいい」という発想に、多くの人は違和感ないし抵抗感を持っているはずだ。だからこそ、力強い資本主義の源流に立ち返ってみることに価値がある。

03

困難な問題は「心の整理箱」に放り込む

ではフランクリンのような偉人から、私たちは何をどのように学ぶべきなのか、あらためて記しておきたい。

より多くの困難を背負えば背負うほど、心も苦しくなってくる――そう考えている人は多いだろう。だが世の中には、常人には及びもつかないような困難を抱えながら、なお晴れやかな顔をしている人もいる。

一方、私がふだん接している大学生の中には、けっして背負っているものは多くないはずなのに、まるでこの世の終わりのような顔をしている者が少なくない。彼らは養うべき家族があるわけではなく、むしろ養われている側だ。社会的な責任も、幸か不幸かほとんど求められていない。人生の中で、もっとも勝手気ままに自由を謳歌《おうか》できる時期のはずなのだ。

そこで彼らの話を聞いてみると、小さなコンプレックスを抱えていたり、友人・異性関係で悩んでいたりする。私から見れば、「それがどうした？」と言いたくなることばかりだ。


だから最近、私は「困難が多いほど心も苦しくなる」という考え方に対して異論を持っている。心の苦しさは困難の量に比例するのではなく、困難をどれだけ整理できるかにかかっているのではないだろうか。

生きている以上、誰でも大小さまざまな困難に直面する。そのすべてを背負っていては、たしかに表情も暗くなる。ならば、いっそ背負うことを放棄すればよい。

その問題は本当に深刻なのか、今すぐ解決すべきなのか、あるいは解決できるのかと合理的に切り分けて考えてみると、最後まで残るものは意外と少ない。そして切り捨てた部分は、そのまま段ボール箱に放り込んで〝棚上げ〟することだ。

私はこれを「心の整理箱」と呼び、しばしば紙に書いて実践している。

キーワードは「それはそれ、これはこれ」。

要するに心のあり方は、状況や本人のキャラクターによるのではなく、考え方しだいで変えられるのである。

04 「フランクリンの考え方」を自分の脳に移す

「考え方」という点に着目すれば、過去に成功した人の考え方を参考にするのがもっとも合理的だ。私の感覚でいうと、どんな問題であれ、過去の成功例にしたがえば、八割方は解決する。少なくともそう思っていれば、余計なストレスをため込む必要もない。

実はこれは、もっとも効率的な勉強法でもある。どんな分野であれ、一つの道をマスターしようと思えば、まず範となる人を見つけて真似るのが手っとり早い。ただそのとき、その人の〝答え〟だけをいくら書き写したところで、上達にはつながらない。

真似るべきは、その人がどういう「考え方」を経て〝答え〟に至ったのかという、そのプロセスである。いわば、その人の脳そのものを自分に移すイメージだ。

それはちょうど、映画のＤＶＤに添付されている「メイキングビデオ」を見る感覚に近い。

「このシーンはこうやって撮っていたのか」「この監督はこういうことで迷っていたのか」といったことがわかると、その映画への理解や愛着がグンと増すことがある。その上であらためて本編を見ると、「メイキング」で特に語られなかった部分についても、監督の意図が手に取るようにわかるような気がしてくる。まさに、監督の脳が自分の脳に乗り移ったわけだ。


ここでいうメイキングとは、世の中に溢《あふ》れるハウツーや自己啓発とは違う。ハウツーはもっと即物的で、おそらくそのとおりにやれば、誰でも相応の成果が得られるだろう。ただ問題は、わかっていてもやらない人が多いということだ。

なぜやらないのか。「努力が足りない」と本人を責めるのは簡単だ。しかしそれ以前に、そのハウツーが本人にとって腑《ふ》に落ちていないことに原因がある。「こうすべきだ」と説得調でいわれても、そう簡単に納得できるものではない。

しかし、それがさまざまな迷いや出来事などの個人的な体験に由来したものであれば、またその経過がストーリーとして紹介されれば、身体感覚として理解・共感しやすくなる。それが「メイキング」の効果である。

だとすれば、「メイキング」は成功している人のものであればあるほど、価値が高いことになる。フランクリンの『自伝』も、間違いなくその一つに数えられるだろう。

誇張も謙遜もなく淡々と語られるエピソードの数々は、凡人である私たちにとっても、脳を移すには十分な教材になり得る。活躍した時代からおよそ二五〇年の時を経てなお世界中で読み継がれていることが、その何よりの証拠である。

Chapter

I

フランクリンの十三徳

——習慣は「あなたそのもの」である

庭の草むしりをする男は、
雑草を一度にとりつくそうなどとはしない。
というのは手にあまるからで、
一回に一《ひ》と隅《すみ》ずつかたづけ、
その隅がすんでから次へと移るものである。

05

「徳」も知識と同じ。反復して習慣化せよ

興味深いエピソードに満ちた『フランクリン自伝』の中でも、とりわけ驚愕的かつ実用性に富んでいるのが、「十三徳樹立」の部分だ。

なんと二五歳のときに生み出したものだが、要は「自分に役に立つ徳」を選び出し、日常生活を通して後天的に身につけようという試みである。「徳」と利益は直結するのだという、フランクリンの思想性の根幹を垣間《かいま》見ることもできる。

日本人の感覚で「徳」といえば、「人徳」のように高尚かつ人格的なもの、というイメージがある。「徳がある」といえば持って生まれたものというニュアンスになるし、「徳を積む」といえば修養によって身につけるものということになる。

だがフランクリンの考える「徳」はやや違う。日常を豊かに生きる上で欠かせない、いわば個別具体的な〝アイテム〟であると解釈していた。人によってそれぞれ先天的に持っている特質は異なっていても、また改まって修養に勤《いそ》しむことをしなくとも、後天的にマスターすることができるのだ。

フランクリンはそれを制覇《せいは》することで、完全無欠な「道徳的完成」を目指したのである。

ここには、一本の「筋《すじ》」が通っている。一般的に、精神的な信条や信仰心と、携《たずさ》わっている仕事とは区別して考えられがちだ。口では立派なご託宣《たくせん》を並べながら、実際の行動が伴わない、あるいは動こうとしない人は少なくない。だから、いわゆる「精神論」は空虚になりがちだ。

したがって、例えば教義をよく学び、朝晩にお祈りを欠かさなくても、昼間は利益のためにあこぎな仕事に従事する、ということはあり得る。あるいは「会社のため」「上司の命令どおり」に働こうとすればするほど、実は社会のルールから逸脱していたという事例もよく聞く。

しかしフランクリンの場合には、それがない。誠実な仕事とは、社会に尽くすことであり、それが「徳」をマスターすることと直結していた。だから、実生活の中で「徳」を習慣化しようと思い立ったのである。

それはちょうど、スポーツにおける基本フォームのようなものと考えればわかりやすい。ゴルフであれテニスであれ、基本フォームは合理性を追求して形成されたものだ。

しかし初心者にとっては、なかなか身体に馴染《なじ》むものではない。人間の身体には、それぞれ日常生活の中で固定化されたクセがある。その延長線上でスポーツに取り組むから、フォームにもクセが出てしまうのである。当然ながら、こういう〝自己流〟を押し通したままでは成長できない。

そこで重要なのは、クセを排除して基本フォームを徹底的に身につけ、習慣化してしまうこと。それには一万～二万回の反復練習が必要だといわれている。これをマスターしてしまえば、今度は基本フォーム以外の動作に違和感を覚えるようになる。それによって初めて試合でも勝てるようになり、ますます練習に熱が入るようになる。

これが上達のコツだ。およそ「基本」や「型」と呼ばれるものは、こうしてクセを矯正《きようせい》するための〝教育プログラム〟なのである。

「徳」も同様、知識や価値観として持つだけでは足りない。反復して習慣化することで、初めて身につけられる。それは同時に人からの信用度を上げ、結果、ビジネスもうまくいく。だからますます習慣化しようと思うようになる。

そんな合理的かつ現実的な好循環の形成を、フランクリンは説いたのである。

06

フランクリンが実行した13の「徳」

大事なポイントは、どんな「徳」を選択するかである。

フランクリンは、自らの成功体験や多くの古典などを参考に、自分にとって実用的で、なおかつ身についていない一三個の「徳」を厳選した。

とはいえ、いきなり一三もの課題を同時進行でクリアするのは難しい。

そこで、このうち何から身につけていくか、優先順位までつけている。これが修得の過程で大きな意味を持つのである。

順位の一番目は「節制」。

〈飽《あ》くほど食うなかれ。酔うまで飲むなかれ〉との注釈つきだ。さまざまな「徳」を身につけるには、まず頭脳の冷静さと明晰《めいせき》さが必要である。

ところが周囲からの飲み食いの誘惑に負けてしまうと、いい頭脳の状態をキープできない。そこで、ふだんから節制していれば、飲みに誘われても心が動かされることはない、あるいは酔って判断が鈍《にぶ》ることもない、というわけだ。逆にいえば、フランクリンは節制で苦労したということでもある。

これを一番目に持ってくるあたり、さすがにその炯眼《けいがん》ぶりが窺《うかが》えよう。

「人間は身体が資本」とは、古今東西の黄金律である。しかし同時に、誰もがつい見失いがちになる。美味《おい》しいものはより多く食べたいし、飲みたい。あるいは本人にその気がなくても、ついつき合いで飲み過ぎてしまうこともある。そんな日常を繰り返した結果、昨今の言葉でいえば「メタボリック・シンドローム」のようなしっぺ返しを食らうわけだ。

だから現代人で、各種の「ダイエット」と無縁な人は少ないかもしれない。多かれ少なかれ、意図的に食事を制限したり、日課の中に運動を取り入れたりせざるを得なくなる。あるいは頭の中で「そうしなくては」と決断する。だがたいてい挫折して、リバウンドの憂《う》き目に遇《あ》うのがオチだ。

この理由は単純、苦しいからだ。それまでの〝酒池肉林〟を突然絶って空腹に耐えるのは、誰しも辛《つら》い。ならば、それを避ける方法を考えればよい。それが、最初から〝酒池肉林〟のない生活を習慣化させること、すなわち「節制」になるわけだ。

きわめて合理的で、かつ現代にも通用するノウハウであることがよくわかるだろう。

「十三徳」の二番目は「沈黙」。

〈自他に益なきことを語るなかれ。駄弁《だべん》を弄《ろう》するなかれ〉とある。「節制」して他人と飲み食いする機会を減らせば、これは身につけやすいはずだと説く。

なぜ「沈黙」が大切なのか。これについて、『自伝』ではきわめて示唆《しさ》に富む持論を展開している。

フランクリンは「徳」と同時に多くの知識も得たいと望んでいたが、知識は、人と談話する場合でも、舌の力よりはむしろ「耳の力」によって得られると考えた。

〈下らない仲間に好かれるようになるにすぎない無駄口《むだぐち》や地口《じぐち》や冗談などに耽《ふけ》る習慣（それが私の癖になりかけていた）を直したいと願った。そこで沈黙の徳を第二においたのである〉

たしかに、およそコミュニケーションで重要なのは「聞く力」だ。巧《たく》みな話術こそ大事とばかりに一方的に話し続ける人もいるが、それによって得られるのは自己満足だけ。まずは耳を傾ける姿勢を持つことで、コミュニケーションも情報も得られるのである。それには、自ら沈黙を心がけることが一番だ。

続く三番目は「規律」。

〈物はすべて所を定めて置くべし。仕事はすべて時を定めてなすべし〉との戒《いまし》めも、そのまま今日に通用する。この「規律」と「沈黙」で、〈計画や勉強にあてる時間がもっとできるだろう〉と述べている。

なお「規律」の一環として、フランクリンは一日の時間表もきっちり定めていた。

朝五時起床、七時までに祈禱《きとう》や一日の計画立案、朝食などを済ませ、八時から一二時まで仕事、午後二時までは読書や帳簿のチェックと昼食にあて、二時から六時まで仕事、夜一〇時には就寝、といった具合だ。

しかし、この「規律」の徳を修得するのがもっとも苦労したらしい。若い印刷工のうちならともかく、しだいに事業を拡大し、人を雇い、さまざまな〝つき合い〟が増えてきた結果、個人的な時間管理は難しくなったという。

また前半の「所定の位置に物を置く」という習慣も、なかなか身につかなかったと告白している。〈記憶力がずぬけてよかったので、無秩序から起る不便などはあまり感じなかった〉からだそうである。こういうことを平然と述べるあたりに、フランクリンの正直ぶりが窺えよう。

さらに四番目は「決断」。
〈なすべきことをなさんと決心すべし。決心したることは必ず実行すべし〉とある。これがあれば、〈これ以下の諸徳をうるために断乎《だんこ》として努力をつづけることができるようになるだろう〉とも述べている。

ふつう、私たちは決断力の有無を問うことはあっても、これを「習慣化する」とは考えない。ここでも、いかにフランクリンが習慣化にこだわっていたかがわかるだろう。

以下、「節約」「勤勉」「誠実」「正義」「中庸《ちゅうよう》」「清潔」「平静《へいせい》」「純潔」「謙譲《けんじょう》」と続く。一見するとバラバラに並んでいるだけのように思えるが、この順番にも意味がある。「節約」と「勤勉」によって借金を早期に返済できれば、暮らしが豊かになる。それによってひとり立ちできれば、「誠実」や「正義」の実現も容易になる、といった具合だ。

少しでも負担が少なくなるよう、連鎖的に修得できる工夫が凝《こ》らされているわけだ。

07
齋藤孝流「十三徳」は？

これらの「十三徳」は現代人にも通用するものばかりだが、あくまでもフランクリンが個人的に目指した「徳」である。私たちが応用するなら、そのまま真似るのではなく、まずは自分が習慣化すべき「徳」を探してみることだ。

日常を思い返し、自分に何が足りないのか、何があれば現状をブレークスルーできるのか、フランクリンのように挙げてみるのだ。「一三」という数字にこだわる必要はないので、人によっては「一〇」でも「五」でもかまわない。

ポイントは、即座に判断できるよう、なるべく具体的に設定すること。

例えば「公正」という項目を考えたとしても、今日一日が公正だったかどうかを見きわめるのは難しい。しかし、例えば「短気を起こさない」なら容易に振り返ることができる。このようなレベルに落とし込んでいくわけだ。

それを踏まえて、以下に私が推奨するベーシックな「徳」の例をいくつか挙げておこう。

◆「上機嫌」

かねてから、私は「上機嫌」にこだわってきた。Tシャツにこの文字を刷り込み、自らを鼓舞するほどだ。日々生活をしていると、思いどおりにならないことや想定外の出来事は少なくない。それでも事態を解決するには、まず上機嫌を維持することが大前提であると思っている。

ただこれは、無理に愛敬《あいきょう》を振りまくとか、ハイテンションを保つということではない。筋の通らないことは、しっかり正す必要は当然ある。ただし、ビジネスパーソンとして、少なくとも自分の不機嫌を相手にぶつけるようなことは避けるべきだし、心の平静がなければいいアイデアも浮かばない。いわば、仕事のための上機嫌を保つべきであるということだ。

もちろん、立場上、誰かを叱ったり、相手の要求に「NO」と言わなければならない場面もあるだろう。そういうときも、単純に感情的になるようではダメだ。逆に「相手に対して非常に厳しいことを、しかし上機嫌に言えた」ということであれば、この項目はクリアしたことになる。

◆「褒める」

日本には、どういうわけか〝減点主義〟がはびこってきた。ひと昔前なら、より多く叩《たた》かれたほうが伸びるという精神性もあったかもしれない。しかし、今の日本人は心身とも弱ってきているので、叩かれると伸びる前につぶれてしまうかもしれない。あるいは叩かれることを恐れて、「事《こと》なかれ主義」に陥る可能性も高い。これは本人にとっても社会にとっても、大きな損失だ。

そこで、むしろ褒《ほ》めることを心がけたい。それは人をよく観察することであり、コミュニケーションを密にするということでもある。一日に最低一人、誰かを褒めることを習慣化すれば、相互の関係性はフレンドリーになる。これが一般に浸透すれば、世の中の雰囲気までガラリと変わるだろう。しかも褒めたか否かを一日の中で思い出すだけだから、チェックも簡単だ。

私の感覚でいえば、多くの人は褒められたがっている。ならば、まず自分が人を褒めることだ。「一日一善」ならぬ「一日一褒《ひとほめ》」が定着すれば、日本の未来にも展望が開けるだろう。

◆「向上心に刺激を受ける」

読書人口が減り続けているといわれて久しいが、その質の低下も問題だ。娯楽系の本ばかり読んでいるようでは、得られるものは少ない。「実りのある読書」も心がけたいところである。もう少し具体的にいえば、向上心を刺激されるような情報や言葉に出合ったか、ということだ。

この延長線上で考えれば、刺激を受けるということであれば、対象を本に限定しなくともよい。ネット上のブログでもいいし、人との会話の中にもあるかもしれない。あるいはスポーツやテレビのドキュメンタリーを見て心が動かされることもあるだろう。このような刺激を常に意識するだけでも、生活に精神的な豊かさが生まれるものである。

◆「言い過ぎない」

フランクリンの「沈黙」の「徳」にも通じるが、私たちはしばしば余計なことを言って失敗する。つい調子に乗ったり、傲慢《ごうまん》な気持ちになったり、嫌味《いやみ》の一つも浴びせてみたくなったり、といった具合である。その一瞬には清涼剤のような快感を得られても、後になって「なぜあんなことを……」と反省するのがオチだ。

特に若いうちは、自分の能力さえ高ければ仕事もうまくいくと考えがちになる。しかし実際には、人からチャンスを与えられ、評価され、もう少し大きなチャンスを与えられるという循環に入って初めて、能力が問われる局面に入る。つまり、人間関係を無視していてはスタート地点にすら立てないわけだ。周囲を見渡してみれば、舌禍《ぜっか》でチャンスを逃《のが》した例は枚挙に暇がないだろう。

私自身、不用意な発言で後悔することがよくあった。「舌禍事件に気をつける」と紙に書いて壁に貼ったこともある。

ただし、時に唯我独尊《ゆいがどくそん》的な気持ちになること自体は、百歩譲って認めてもよい。強烈な自己肯定は、仕事の原動力になることもあるだろう。問題なのは、それを口や態度に出してしまうこと。よって言う前に一瞬「これを言っても大丈夫か？」と自分でチェックする。これだけでも、「言い過ぎ」による膨大なエネルギーの浪費を避けられるはずである。

これらはあくまでも一例だ。それぞれの胸に手を当ててオリジナルの「徳」を探してみていただきたい。そうやって自分自身を〝棚卸《たなおろ》し〟することも、ときには必要だ。

08

「徳」マスターへの道は、一冊の手帳から始まる

自分の目指す「徳」をいかに習慣化して身につけていくか。ここでフランクリンは、かのピタゴラスのエピソードを引用する。

それによると、ピタゴラスは門弟に対して道徳律を課し、毎日朝晩に自分でチェックするように命じたという。ここからヒントを得て、自分も「徳」を毎日チェックすることに決めたのである。二〇〇〇年以上時を隔《へだ》てたピタゴラスから習慣づくりのヒントを得るあたりもさすがだ。

そこで用意したのは、一冊の手帳。その中で縦方向に十三徳の項目を並べ、横方向に日~土まで曜日を書く。ちょうど学校の時間割のような表をつくったのである。

そこに毎日、達成できなかったと思われる項目に「黒点」や「＊（アスタリスク）」を書き込む。一週間を過ぎた時点で表を見返せば、その週にどの項目が未達だったか、一目瞭然《りょうぜん》になるわけだ。もし「黒点」や「＊」がゼロになれば、〈道徳的完成に到達〉したかどうかはともかく、その人は当面の課題を克服したことになる。

これは、恐るべき発見ではないだろうか。手帳は多くのビジネスパーソンにとって必需品だし、その使い方を紹介した本や雑誌なども無数にある。ただその基本は、スケジュール管理やアイデアのメモといったものだろう。あるいはやるべきことを「タスクリスト」にまとめ、こまめにチェックするよう勧める人もいる。

しかし今から三〇〇年近くも前に、フランクリンは「日常的に自分自身の精神性をチェック表にする」というもう一つの使い方を提案していたのである。

手帳なら、いつでもどこでも持ち歩ける。わずかな空き時間に開くこともできる。しかも日を追うごとにデータが蓄積され、自分の進歩（または後退）のプロセスが一目瞭然になる。

フランクリンの「徳」チェック表

	日	月	火	水	木	金	土
節制							
沈黙	*	*		*		*	
規律	**	*	*		*	*	*
決断			*			*	
節約							
勤勉		*			*		
誠実			*				
正義							
中庸							
清潔							
平静							
純潔							
謙譲							

『フランクリン自伝』（岩波文庫）より、一部改変

それだけではない。例えば手帳に「一日一個ずつアイデアを書く」とか「目標を設定する」と最初は意気込んで決めたとしても、しだいに億劫《おっくう》になってくるものだろう。日記がたいてい長続きしないのと同じ理屈だ。しかしフランクリン方式なら、わずかに「黒点」か「＊」のみ。面倒に思う暇すら与えない。

人は、真っ白なノートに書き込んでいこうとすると、つい身構えてしまう。よりよい言葉を選ぼうとしたり、見やすいレイアウトを意識したりしがちだ。それでも継続できる人はいいが、負担になることは間違いない。

しかし、あらかじめ用意された空欄を埋める作業なら、負担はグッと減る。むしろ埋めてみたくなる。いわゆる「百マス計算」に子どもたちが熱中するのは、そのためだ。使う脳は同じでも、単なる計算問題の羅列とは、意欲がまったく違ってくるのである。

それに、意図的か偶然かは定かではないが、「○」「×」ではなく「黒点」や「＊」を、しかも未達のときだけ記入するというルールもすばらしい。細かいことだが、「○」「×」には「正解」「不正解」とか「良い」「悪い」といったイメージがつきまとう。これが評価に影響を与え、甘くなったり、逆に過度な自己否定につながったりしかねない。

その点、「黒点」や「*」なら余計なイメージに左右されることがない。事務的・客観的にチェックしやすいわけだ。また、最終的には何も書き込まない状態を目指すのだから、日が経つにつれて負担はどんどん減っていくことになる。

その意味でも、フランクリン方式は優れている。まさに習慣化のためのベストなノウハウといえるだろう。

09

「一個ずつ重点課題化」で合理的にワザ化せよ

手帳活用のポイントは、嫌気がさすほどチェックに思い入れを持たないこと。たとえ未達であっても、表に「黒点」や「＊」をつけるだけでよい。あまりに「黒点」や「＊」が多いと心が痛むかもしれないが、もともと自分に足りない項目を選んでいるのだから、当然といえば当然だ。ちょっとでも改善されたと思ったときはOKにしていくと、クリアの勢いも増すだろう。特に罰則や対策を用意する必要もない。「そのうち時間が解決するさ」というお気楽な鷹揚《おうよう》さが、逆に長続きする秘訣である。

ここで思い出されるのが、以前流行した「レコーディング・ダイエット」だ。その日の朝に量った体重を手帳の片隅に書き込んでいくだけという、あれである。私もしばしば実践しているが、習慣化すれば面倒に思うことはない。しかも効果はそれなりにある。特に体重に神経を使っているわけでもないのに、増えないのである。そして少しでも体重が減ると、書き込むのが楽しくなってくる。だからなんとなく食生活に気を配るようになる。まさに好循環だ。

ただ、世の中には失敗する人も少なくないらしい。パターンとして多いのは、体重の増加に嫌気がさし、測定をやめてしまうケースだろう。これは意志の弱さというより、自己反省・自己否定が強すぎることに問題がある気がする。反省するのがいやになってチェックをやめてしまう。

まずは、反省とチェックを切り分ける。そして反省は脇に置いておいて、チェックだけを残し、〝データ収集〟に徹する。やがて何かのタイミングで数字が反転すれば、チェックが楽しくなって好循環に入れる。フランクリンの手帳方式も、これと同じである。

とはいえ、体重の数字は一つだが、身につけたい「徳」はたいてい複数だ。そのすべての項目を頭に入れて生活するのは、面倒といえなくもない。人間の注意力には限界があるため、焦点が分散されると、注意そのものをやめてしまうおそれがある。それに一日を振り返って詳細に吟味するとなると、時間がかかるし疲れそうだ。

しかしフランクリンは、この懸念《けねん》に対してしっかり解決策を用意していた。意識のスポットライトを当てるように、一週間の重点項目を一点取り上げ、そこに意識を集中させるようにしたのである。

例えば今週を「節制」の週と決めたら、とにかく食べ過ぎ・飲み過ぎを避け、表の「節制」の欄に「黒点」もしくは「*」が入らないように注意する。一方、他の項目も表へのチェックはするものの、日常で格段の注意は払わない。そして翌週からは、同じように「沈黙」に注意を払い、またその次の週は「規律」に気を配る、といった具合だ。

そのようにすると全項目を一巡するのに一三週、約三カ月かかることになる。ということは、一年間でざっと四巡できるわけだ。そう考えると、どんな項目でもクリアできるような気がしてこないだろうか。

この点について、フランクリンは『自伝』の中で以下の例を挙げている。

〈庭の草むしりをする男は、雑草を一度にとりつくそうなどとはしない。というのは手にあまるからで、一回に一《ひ》と隅《すみ》ずつかたづけ、その隅がすんでから次へと移るものであるが、私もこの男のように、順々に黒点を各行から消して行って、各ページに現われる徳の進歩の跡を見て喜びに心を励まし、何回も繰返しているうちに、ついには十三週間、日々検査しても手帳には黒点一つつかないというようになりたいものだと思った〉

このような、コツコツと積み上げる地道な〝手仕事感〟が、フランクリンの魅力の一つである。「〇〇するだけで人生がガラリと変わる」といったスピリチュアル的自己啓発とは、明らかに一線を画しているわけだ。

10

「一週間単位」の効用

手帳活用のもう一つ注目すべき点は、「一週間」という期間の区切り方だ。

これだけの日数をかけて一つの項目に注意を払っていれば、次の週に別の項目に移っても、前の項目に対する意識はワザ化・習慣化しやすい。「沈黙」を重点課題に据《す》えたからといって、急に「節制」をやめて暴飲暴食に走るようなことはないはずだ。

ところが、もし一〜二日ごとに重点課題を変えたとしたら、そうはいかない。意識がワザ化・習慣化していないので、心がけたことをすぐに忘れてしまう。逆に一カ月単位で変えたとしたら、今度は飽きてくるし、しだいに鈍感にもなる。一三項目あるとすれば、一巡するのに一年以上もかかってしまうことになる。

これは、例えばスポーツのレッスンで考えてみればわかりやすい。あるフォームについて、コーチから一三箇所の修正ポイントを指摘されたとする。そのとき、すべての箇所を同時並行的に修正するのはまず不可能だ。無理をすればかえって注意力が分散し、すべて修正されなくなるだけだろう。

そこでもっとも効率的なのは、それぞれの箇所に分解し、一週間ずつ一点だけに「意識のスポットライト」を当てること。コーチにも、その部分だけを集中的に指導してもらう。今週は左膝《ひざ》の使い方、来週は腰、再来週は左肘《ひじ》といった具合だ。毎日のレッスン終了時に全体のチェックはするものの、それはあくまでもチェックのみ。意識としては一点集中を貫くのである。

これを続けていると、例えば二週目に入って意識のスポットライトを腰に移しても、一週目の左膝への注意力は習慣化して身体に残っている。特に意識しなくても、修正点は修正されたままになるのである。

だいたい、私たちは子どものころから一週間の生活リズムに慣れ親しんできた。学校の時間割は常に週単位。昼までで終わる土曜日の高揚感は、今でも忘れられない。

反対に水曜日は、疲れが出て気分もブルーになりがちだった。あるいは月曜日と金曜日とでは、同じような勉強をしていても印象が違った。

さらにいえば、私は子ども時代に「月月火水木金金」という軍歌をよく口ずさんでいた。若い人はほとんど知らないだろうが、要は「休みなく働け」という歌だ。私はこの歌が特に好きだったわけではないが、タイトルが発する強烈なインパクトには打ちのめされた。つまりそれだけ、「土日は休むものだ」という意識が定着していたわけだ。

これらの感覚は、今でも私たちの身体に深く刻み込まれている。実際の休日や仕事のスケジュールとはまた別のものとして、曜日単位でものを考えるクセがついている。そこに修得すべき「徳」を当てはめるのが、身体にももっともしっくりくるはずだ。

11 手帳も「一週間単位」で

一週間という単位は、身体にとっても精神にとっても自然なリズムであり、行動を整えるのに都合がいい。だから私は、手帳も週単位のものを使っている。「日付」の感覚はほとんどないし、月単位では緊張感が保てない。一週間全体を俯瞰《ふかん》した上で、メインイベントは何か、そのために何をすべきかを把握するのが常だ。

いささか不遜に思われるかもしれないが、この感覚はF1ドライバーに近いかもしれない。彼らは未知のコースをその場しのぎで切り抜けているわけではない。頭の中に完璧にコースを叩き込んだ上で、どこでアクセルを踏み込み、どこでハンドルを切るか、すべてシミュレーションしてレースに臨んでいるはずだ。だから猛烈なスピードで走りつつ、なお冷静さを失わずにいられるのだろう。

私の手帳も、いわば一週間のコースを事前に叩き込むためにある。どこで全力を出し、どこで休むか、あるいはどの仕事は巡航速度でいいか、そのメリハリを決めているわけだ。ずっとフル回転を続けていては、どんなにタフなエンジンでもオーバーヒートしてしまうだろう。

ついでにいえば、手帳に書き込む際には「三色ボールペン」を活用している。私はかねてより、読書の際に「最重要」と思われる部分を「赤」、「まあ重要」と思われる部分を「青」、個人的におもしろいと思う部分を「緑」で囲むなり線を引く、という読書法を提唱してきた。こういう技を身につけることによって、自分にとって必要な本の情報を吸い尽くすことができるからだ。

それを手帳にも応用し、アクセルを思い切り踏み込むべき予定は「赤」、それほど力を込めなくても可能な仕事は「青」、そして遊びや息抜きの時間を「緑」で書き込んでいるのである。

そうすると、一週間分のバランスが一目瞭然になる。「赤」ばかりが並ぶと身体が持たないから、多少前後にズラしたりすることもある。あるいは「青」ばかりでも寂しいので、その中に「赤」を割り込ませることもある。もちろん、適度な「緑」も必要だ。こうして管理することで、心身ともにベストなコンディションを保とうとしているわけである。いずれにせよ、大前提は一週間単位で考えることだ。

もちろん、単に書き込むだけではない。私はちょっとでも空き時間ができると、手帳を開くクセがある。意識的に見るというより、ほとんど無意識の習慣だ。人と待ち合わせて先に着いてしまったとき、電車で移動しているとき、喫茶店に入ってコーヒーを待っているとき、あまり重要ではない会議に義務的に参加しているとき、といった類《たぐい》の時間だ。

これを見ると、一週間のスケジュールを視覚的に確認できる。今後をどう過ごすか、イメージトレーニングがしやすくなるわけだ。効率よくエネルギーを分散して結果を出すための、私なりの工夫である。

12

金言を手帳に書き込め

手帳で日常をチェックする習慣をつけたら、もう一つ、ついでに実践していただきたいことがある。見聞きした言葉のメモだ。

例えば本を読んで納得したり、驚いたり、笑ったり泣いたりすることは誰でもあるだろう。「ためになった」「おもしろかった」と思える本に出合えることも、少なくないはずだ。

ところが、「じゃあ何が書いてあったの?」と尋《たず》ねられると、答えられない人が意外に多い。大雑把《おおざっぱ》な印象しか覚えていないのだ。さらに数日が経過すると、「ためになった」と思ったことすら、あるいは読んだことすら忘れてしまう場合もある。これは、実にもったいない話である。

私はなにも、「読んだ本の内容はすべて明確に記憶せよ」などと無理難題を提言するつもりはない。ただ、せっかくいい出合いをしたのなら、それを若干《じゃっかん》の記録として残してはいかがだろう。

気に入った一文を抜き出してもいいし、読後感をサラッと書くだけでもいい。あるいは本のみならず、人と話したり、街を歩いたりしているときにいい言葉に出合ったら、その場で書き留めておく。いわば自分だけの〝金言集〟をつくるわけだ。

これを「ノルマ」と考えれば負担になるが、「何か見つけてやろう」という気になれば、むしろ楽しみになる。日記を毎日つけるのは辛いが、一言書くだけならさほど苦にならない。習慣化してくれば、書かないほうが落ち着かなくなるだろう。

しかも手帳だから、日常的によく開くはずだ。スケジュールを書き込んだり、「徳」のチェックをしたりするたびにパラパラめくれば、これまで書いてきた言葉が自動的に目に飛び込んでくる。書いたときの情景や心情も一瞬で思い出せるだろう。

それを繰り返しているうちに、言葉の力が自分に乗り移ってくるのである。日を重ねれば言葉も増えるから、理屈の上では力もどんどん蓄積されていくはずである。

概して日本人は、「自分を磨く」とか「精神修養」とかいうと、身体に刻み込むような〝苦行〟を想像する傾向がある。それはそれですばらしいし、終えた後の達成感・爽快感は他の何物にも替えがたい。

しかし、逆にいえばハードルが高いため、時間的にも、労力的にも、誰もが簡単にチャレンジできるわけではない。その意味では、自分を磨きにくい社会ともいえる。もう少し気軽に構える姿勢があってもいいだろう。日々使う手帳で〝金言マスター〟を目指すのも、その一例である。

13 金言を自分の糧とするための手帳術

手帳に金言を書き込むこと――。実はこれは、私のオリジナルのアイデアではない。やはりフランクリンが実践し、しかも自らを鼓舞するのみならず、ひと財産を稼ぎ出していたのである。

フランクリンは二六歳のとき、「リチャード・ソーンダーズ」のペンネームで『貧しいリチャードの暦』なるものを出版した。簡単にいえば、格言・金言が書かれたカレンダーだ。今でもこの手のカレンダーはよくあるが、その元祖といえるだろう。

この中には、「神は自ら助くるものを助く」「塵《ちり》もつもれば山となる」など、今日の私たちにもなじみ深い言葉が数多く含まれている。また「借金は嘘の始まり」「わずかな出銭に気をつけよ。小さな漏れ口が大きな船を沈める」など、いかにもフランクリンらしい〝金〟言もよく目につく。これが当時、爆発的にヒットした。フランクリンの『自伝』によれば、二五年間にわたって毎年一万部近くも売れ続けたという。

さらに二五年後の五一歳のときには、この暦に「富に至る道」という名で知られる〝巻頭言〟を追加。掲載された格言のエッセンスをまとめ、老賢人が聴衆に語って聞かせるという趣向のエッセイだ。

その中で説かれているのは、大きく二つ。ひたすら勤勉であること、そして質素・倹約の日々を過ごすことだ。例えば前者については、当時の重税感を話の枕にしつつ、〈(人は)怠惰であるために二倍もの、虚栄心を持つために三倍もの、愚かであるために四倍もの税金を背負っておるのです〉と説く。

また後者についても、「蝶とは何か。つまるところが、着飾った毛虫というだけのこと、まことの姿は美服をまとった洒落男」「明日、借金を背負って起きるより、今夜の食事を抜きにして床につけ」などの厳しい格言・金言をいくつも繰り出しながら、虚飾や浪費を戒めている。

ここまで実践できれば、たしかに誰でも大成できるだろうと思わせる説得力がある。だから当然というべきか、このエッセイもまた、広く大衆から熱烈に支持された。〈アメリカ大陸の各新聞に転載されたばかりか、イギリスでは大判《おおばん》の紙に印刷して家々の壁に貼りつけられた。フランスでは翻訳が二通り出て、牧師や地主連が多数これを買いこみ、無代で貧乏な教区民や借地人《しやくちにん》に分ち与えた〉そうである。まさにこの暦は、フランクリン自身にとって〝富に至る道〟の礎《いしずえ》になったのである。

ただし、フランクリンは自らの金儲けのためだけにこれを出したわけではない。ここには相応の哲学がある。ふだん本を読まない、また読めない人でも、カレンダーなら日常生活の中で必ず見る。そして何度か見ているうちに、そこに書いてある言葉も習慣的に覚え、身についてくる。それによって有益な教訓を広く一般に浸透させようとしたのだという。

こういう公共性は、フランクリンの生涯を貫く柱の一つである。

では、掲載された格言・金言もフランクリンのオリジナルかといえば、けっしてそうではない。「富に至る道」によれば、自身が考え出した言葉は一〇分の一弱であり、〈他はすべて古今東西の名言を適当に拾い集めてきたにすぎない〉そうである。日常の会話や読書などから言葉を拾い、マメに手帳に書きつけていたことは、想像に難《かた》くない。

つまりフランクリンの炯眼は、第一に言葉が人に与える力を信じたこと、第二にそれを余すところなく自身の糧とする術《すべ》を工夫したところにある。世に金言の類は無数にあるし、「挙げてみて」と言われれば、誰でもいくつかは答えられるだろう。だが多くの人は、それを思い返すこともない。言葉の力の恩恵を受けていないわけだ。

そこで、ふだん使っている手帳に、ぜひ「徳」のチェック表とオリジナル金言集の二つを付け加えることをおすすめしたい。そして携帯電話を覗《のぞ》き込む感覚で、ちょっとした空き時間にパラパラめくる習慣をつけていただきたい。そこで目についた言葉を、駅員の〝指さし確認〟のように声に出して読み上げれば、なおよい。

それだけで、手帳は携帯電話など及びもつかない、本当に人生の役に立つツールに生まれ変わるはずである。

14
人間の幸福は、継続的な努力と工夫から生まれる

「十三徳」の設定と日々のチェックは、その後のフランクリンにどのような影響をもたらしたのか。『自伝』は、この点についても詳しく述べている。

それによると、当初はしっかりチェックしていたものの、やがて仕事が忙しくなって怠《おこた》りがちになったという。しかし、手帳を手放すことはなかった。七八歳で「十三徳」について『自伝』に記すまで、実に五〇年以上にわたって心に留め続けたことになる。

ではこれによって、フランクリンは当初目指した「道徳的完成」に至ったのか。

残念ながら、〈道徳的完成の域《いき》に達することはもちろん、その近くに至ることさえできなかった〉と記している。しかし同時に、以下のような〝たとえ話〟を披露して

いる。

ある男が鍛冶屋《かじや》で斧《おの》を買った。どうせなら全体をピカピカに磨いて光らせたいと鍛冶屋に頼むと、鍛冶屋は「手伝ってくれるなら可能」という。そこで男は作業に協力したが、これが予想以上の重労働だった。ついには途中で音《ね》を上げ、まだ部分的にしか光っていない斧を抱えて退散した。曰《いわ》く、〈私には所々しか光っていない斧が一番いいようだから〉。


多くの人は、この話に共感を覚えるだろう。何事も完璧を目指すのは骨が折れる。身の丈に合ったものを持つべきで、それこそが〝自分らしさ〟だ。むしろ多少の欠点も残したほうが、周囲からも親しまれる……。

しかし、一見似ているようでもフランクリンは違う。たとえ結果的に斧がピカピカにはならなかったとしても、そうしようと努力・工夫を続けることに意義があると説く。そして実際、この努力はけっしてムダではなく、〈かような試《こころ》みをやらなかった場合に比《くら》べて、人間もよくなり幸福にもなった〉と断言する。

健康を保ち、多くの仲間に恵まれ、名誉ある役職に就き、財産を築き、老いてなお若い人からも慕われたのは、すべて「徳」へのチャレンジのおかげという。

〈子孫の中から私の例に倣《なら》って利益を収めようとする者が出て来ることを希望する〉と述べるあたりに、絶対的な確信と自負が窺えよう。

さらに興味深いのは、こういう努力・工夫の対象が、自分だけではなく自分の住む地域・社会にまで及んだことだ。例えば後年、植民地の代表として数年にわたってロンドンに滞在したとき、地域住民を巻き込んで道路の清掃システムを考案している。

これについて『自伝』には、〈人間の幸福というものは、時たま起るすばらしい幸運よりも、日々起って来る些《さ》細《さい》な便宜から生れる〉と記している。たまたま懸賞に当たるより、目の前の道路が常に清潔なほうがメリットは大きいのではないか、というわけだ。「自分さえよければいい」という幸福観とは対極の姿が、ここにある。

Chapter

2

常にフェアであれ

――確実な成果を得る「成功習慣」

人生を大切に思うと言われるのか。
それならば、時間をむだ使いなさらぬがよろしい。
時間こそ、人生を形作る材料なのだから。

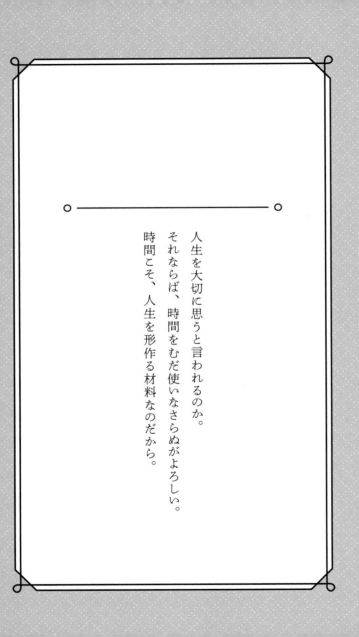

15

〝さまざまな仕事〟を自分の目で見てみよ

一人でよくぞここまで、と思えるほど、多方面で歴史に残る仕事をこなしたフランクリン。どうすればここまでできるのか、とは誰もが関心を持つところだろう。『自伝』からは、その仕事に取り組む姿勢やノウハウがいくつも読み取れる。まさに克明な「メイキング」だ。以下に、それを紹介しよう。

まず、特に多くの若者にとって最大の関心事（または不安事）といえば、就職ないし転職だろう。仕事で活躍したくても、そういう場が与えられなければ始まらない。

だが私から見ると、若者の側もいささか視野が狭いのではないかと思うことがしばしばある。「自分はこれしかできない」「この業界しか行きたくない」と決めつけ、その道が厳しいとなると、たちまち落ち込んでしまう人が少なくないのである。

世の中には無数の仕事があり、それぞれの現場で学べることも無数にある。そこで見聞を広げ、経験を積めば、次の展望も見えてくる。

その点、フランクリンの就職はきわめてシンプルだ。一〇歳で学校を辞め、一二歳までは家業であるろうそく屋の手伝い。そして一二歳からは兄が始めた印刷屋で工員として働き出した。それも本好きの息子にはちょうどいいと、父親が強引に決めただけだ。

時代がまったく違うとはいえ、昨今の学生がよく言う「自分に合った職業」とか「やりたい仕事」といった概念は、おそらくなかっただろう。しかも〈二十一歳になるまで見習の資格で勤め〉る契約だったというから、雇用条件も悪い。

ただし、ここにはちょっとした伏線がある。フランクリン少年はろうそく屋の仕事を嫌い、船乗りになることを夢見ていた。だがそれを察した父親は、〈何でもいいから陸上の商売を選ぶようにさせたいと、指物師《さしものし》、煉瓦師《れんがし》、挽物師《ひきものし》、真鍮細工師《しんちゆうざいくし》などが仕事をしているところを見せに、時々私を連れ出した〉。今でいえば「社会見学」のようなものだ。

これが奏功して、〈私は熟練した職人が道具を使うのを見るのが楽しみになった〉という。それだけではなく、家の中のちょっとした作業なら、見よう見まねで自ら道具を使ってできるようになったらしい。この延長線上で、やはり職人技を要求される印刷工に興味が湧いたのかもしれない。広く世の中を見ることの重要さが、このことからもわかるだろう。

同時に、この時点で「ものづくり」のおもしろさに目覚めたことも大きい。日本人的な感覚かもしれないが、私は子どものうちに手仕事の魅力に触れ、職人にあこがれるような時期があったほうがいいと思っている。

本来、あらゆる仕事とは、有形・無形のものをつくり出し、社会的な価値を生み出す作業である。その根本は口を動かすことではなく、手を動かすことだ。このような職業観を確立したことが、その後のフランクリンの活躍につながったのではないだろうか。

16

転職成功の秘訣は「今の仕事」に集中して取り組むこと

印刷工として働きはじめたフランクリンは、そこで大きく三つの好循環を得ていくことになる。

第一は本との出合いだ。印刷所だけに〈これまでのよりもっと良い書物に接する機会もいまは多く〉なり、借りて読めるようになった。〈晩に借りて翌朝早く返さねばならないといった場合には、自分の部屋でほとんど夜っぴて読み明《あ》かしたことも度々あった〉という。

この必死さが、集中力と吸収力を高めたのだろう。のちに科学者・哲学者・著述家としても大成したのも、こうした幼少時からの読書に負うところが大きい。本とフランクリンとの濃密な関係については、また詳述する。

第二はもっと中長期的だが、印刷業者としての独立・起業と、そこをベースとした他業界への進出だ。その一つが新聞の発行であり、あるいは前章で述べた『貧しいリチャードの暦』の刊行である。

また、印刷の仕事を通じて議会関係者などの知己を得て、政界進出への足がかりをつくっていった。人脈づくりという点でも、自分の職業を最大限に利用したわけだ。

そして第三は、こうしてあらゆる分野で大成してもなお、印刷業を捨てなかったことだ。おそらくそれは、印刷業が彼にとって〝ベースキャンプ〟だったからだろう。

登山で難関に挑むとき、ベースキャンプの設営は必須だ。失敗したらそこに戻ってやり直せばいいという安心感が、逆にチャレンジ精神をかき立てる。フランクリンの場合、印刷業という支柱を得たからこそ、他分野で後顧《こうこ》の憂《うれ》いなく活躍できたのではないだろうか。あるいは印刷業で身を立てたという成功体験が、他分野でも成功できるという自信につながったともいえるだろう。

これはフランクリンにかぎった話ではない。世の中には「多才」「マルチな活躍ぶり」と評される人がいるが、生まれつき豊かな才能に恵まれた、という人は滅多にいない。だいたい二〇～三〇代で苦労して一つのベースキャンプを確立し、そこから派生的に活躍するパターンがほとんどだ。

そこでぜひ一度、自身の〝ベースキャンプ〟について考えてみていただきたい。

会社に勤めているのであれば、その会社が〝ベースキャンプ〟といえなくもない。しかし今や、定年まで雇用が保証されている時代ではない。もし会社から放り出されたとき、あるいは会社自身が消えてしまったとき、「自分はこれができる」「ここに帰ってやり直せばいい」と言えるものがあるだろうか。

これが心許ないなら、今から設営すればよい。それは、とりあえず今の仕事に集中してみるということだ。どんな仕事であれ、そこにはルールやスキルがあり、関係する人々がいる。たとえ意に反する職場だったとしても、学べることは少なくないはずだ。これが、フランクリン的な好循環に乗るチャンスを得るということでもある。

そこで働くということは、そこにある「型」に自身を当てはめていくということだ。相応の責任を負い、人脈とフィールドを広げ、スキルを上げて成果を残す。背負うものは増えても、このプロセスから得られるものは大きい。そして何より、それ自体が楽しさに変わるはずだ。

17

絶対の信用を得るために必要な行動原理

「大スター」と呼ばれる人には、必ずいくつかの逸話がある。本当かウソか定かではないが、ロックミュージシャンの矢沢永吉は若いころ、ある店で手押しのガラスのドアを自動ドアと勘違いして（自動ドアが故障していたとの説もある）頭から勢いよく激突してしまったことがあるという。

だがこのとき、さすが矢沢さん、あわてずさわがず一言、「フェアじゃないね」。とっさにこういうセリフが出てきたということは、ふだんから「フェア」であることを意識している証拠である。

たしかに、矢沢さんには「フェア」「真っ直《す》ぐ」といった言葉がよく似合う。〝成りあがり〟として一直線に上を目指しながら、けっしてルールを破ったり、人を貶《おとし》めたりはしない。そんなクリーンなイメージも、多くのファンを魅了してやまない理由だろう。

同じくフェアであることを信条としたのが、フランクリンだ。彼の『自伝』には、以下のようなエピソードが綴られている。

一〇代半ばのころ、彼は新聞を発行する兄の下で働いていた。あるとき、その新聞の記事が当局の逆鱗《げきりん》に触れ、兄は発行を禁じられる。そこで兄は弟、つまりフランクリンを表面的に解雇するとともに、弟の名を使って別の新聞として発行を続けた。当局の目をごまかすための苦肉の策である。

問題は、この兄と当局の争いではない。兄と弟の確執だ。この一件以降も、フランクリンが兄の〝下働き〟であるという実態は変わらなかった。

かねてより兄に不満を持ち、いつか独立したいと願っていた彼は、今こそチャンスとばかりに自分の自由を主張する。しかし『自伝』では、そのことを深く悔《く》いているのである。

曰く、〈かように相手の弱点につけこむようなことをしたのは公正ではない。だから、私はこのことを生涯の最初の過《あやま》ちの一つに数える〉。

世間によくある話のようにも思えるが、フランクリンはそれを看過《かんか》しなかった。自分にとってプラスかマイナスかではなく、客観的に見て公正かどうかを最重要の価値基準としているわけだ。こんな姿勢と、彼の数々の成功とは無縁ではないだろう。

実際、「フェアか否か」を常に考えるような習慣を持つことは、継続的にビジネスをしていく上できわめて重要ではないだろうか。そのポイントは大きく二つある。

第一は、判断にブレがなくなるということだ。ビジネスの現場で、進むべきか退《ひ》くべきか、言うべきか言わざるべきか、迷うことはよくある。価値観は人それぞれ、会社それぞれだから、〝正解〟は一つではない。そこでいちいち悩んでいては、背負うものが大きすぎて疲れるだけだろう。

だが、選んだ道がフェアか否かという観点なら、誰でも持つことはできる。これを判断の核に据えれば、悩む必要もない。そして結果的にビジネス面では失敗したとしても、「自分はフェアな選択をした」と思えれば、落ち込まずに済むはずだ。

そして第二に、当然のことながら、フェアであれば人からの信頼も厚くなる。

例えば以前、日本を代表する大企業のトップの方と話をさせていただいたとき、失礼ながら「こういうポストに就くには、どのような特性が必要ですか」と尋ねたことがある。

するとその答えは「公明正大であること」。ご本人にかぎらず、代々のトップや部下を見ても、結局はフェアと評される人が人の上に立ってきたという。

たしかに、どれほど能力のある人でも、周囲の協力がなければそれを発揮できない。だから信用や信頼が欠かせないし、そのためには「常にフェアであれ」と自分に言い聞かせることが必要なのだ。

シンプルな行動原理だが、逆にいえば誰にでもチャンスがあるということだ。私たちは誰もが長所・短所を持ち、また仕事上の能力において足りない部分もあるかもしれない。しかし社会的に最重要の要件が「フェア」であることだとすれば、それをクリアすることは比較的容易ではないだろうか。

18

"誠実であるような"外面《そとづら》が大事

フランクリンは何よりも「信用」を重んじた。「信用がお金を生む」というのが、ビジネスパーソンとしてのフランクリンの信念だ。〈私は人と人との交渉が真実と誠実と廉直《れんちょく》とをもってなされることが、人間生活の幸福にとってもっとも大切だと信じる〉とも述べている。

一方、宗教に対しては、おそらく当時の人としては珍しく懐疑的だった。しかし、「信用」を重んじる考え方を持っていたために、〈危険の多い青年期を通じて、宗教心の欠如《けつじょ》から当然考えられる意識的な下等下劣《げれつ》な不道徳や非行を一つも犯《おか》さないですんだ〉のである。〈まずまず相当の品性を身につけて世に出ることができた〉のも、このためだ。

つまり世間に揉《も》まれ、人との関係を大事にしたからこそ、幸福を得ることができたというわけだ。平たくいえば、「外面《そとづら》が大事」ということだろう。

人によっては、ここに偽善的な匂いを感じることもあるかもしれない。しかしフランクリンは、外面と内面を区別せよとは一言も述べていない。むしろ、内面で積んだ「徳」は外面で表現できなければ意味がない、と説いているのである。

だが実際のところ、内面でいろいろ思っていても、それを外面に出さない人はきわめて多い。〝本音〟と〝建前〟を使い分けているわけだ。それも意図的というより、無意識の習慣として身についている人もいる。それは時として自らの身を守ることになるが、場合によっては誤解を招いたり、自己分析と他者からの評価との間に大きなギャップを生じさせたりする。

私は以前、大学で「集中砲火自己分析」というものを試みたことがある。希望する学生に教室の中央に座ってもらい、二〇人ほどで、その学生を分析してもらう。自分が周囲からどう思われているのか、あえて客観的に認識するための実験だ。

一人が「実は前から思っていたんだけど……」と切り出すと、誰もが数珠《じゅず》つなぎで「そういえば……」と分析を続けていく。お互いによく知る仲間うちだから、その指摘は的確だ。

もちろん、ゼミ内の信頼関係を前提としているから、これらの発言で人間関係が揺らぐようなことはない。しかも本人が希望してのことだ。とはいうものの、中央にいる学生は辛さを感じることもある。そこでひとしきり全員が発言したところで、今度は長所を挙げていく。ここでようやく気を取り直してもらい、ワンセットの終了である。

ふだん、こういう機会を得ることは滅多にないだろう。だいたい私たちは、自分を主観的に捉えているものだ。だから経験した学生たちも、客観的な自分の姿に一様に驚いた様子だった。一人や二人からの分析であれば流すこともできるだろうが、もっと複数の仲間から口を揃《そろ》えて言われると、そこに真実性を感じずにはいられなくなる。これが重要なのだ。

「集中砲火自己分析」自体は、処方によっては劇薬になりかねないので、万人におすすめできるものではない。しかし、少なくとも客観的な自分を意識するきっかけにはなる。いわば自分が正直者であろうとすることと、自分が傍《はた》から正直者に見えているかどうかは別問題なのである。

19

「オリジナリティ」よりも「他者への効用」を重視せよ

実際のところ、世の中は好むと好まざるとにかかわらず、「集中砲火自己分析」的な視点の上に成り立っている。特にビジネスの世界においては、本人がいくら「仕事ができる」と自負していたところで、周囲の評価がそうでもなければ、なかなかチャンスは巡ってこないだろう。

しかし最近気になるのは、「本当の自分」という表現だ。「本当の自分を理解してほしい」「誰も本当の自分をわかってくれない」などと聞くと、「なんと幼稚で傲慢なことか」と思ってしまうのは私だけだろうか。

身もフタもない言い方をすれば、相手から見えている自分が「本当の自分」であって、それ以上でもそれ以下でもない。お互いに、相手にどのような印象を与えているか、影響を及ぼしているかという関係性において存在しているのだから、それ以外に「本当の自分」を持ち出されても困るのである。

もう少し卑近な例を当てはめてみよう。仮に、日々の仕事を「面倒くさいな」「辞めたいな」と思っている人がいたとする。それでもきっちり仕事をこなし、取引先からも高く評価されているとすれば、その人はもはや誠実で優秀なビジネスパーソンといえるのではないだろうか。

逆に、熱意を持って取り組んだつもりの仕事に対し、もし周囲からまったく評価されなかった場合、「本当の自分を知らない周囲が悪いんだ」と開き直る人がいたとしたらどうだろう。比較的よくいるタイプかもしれないが、少なくとも優秀とはいえないはずだ。

言い方を換えるなら、人間が成長するためには、やはり他者からの評価に晒《さら》される場が必要であるということだ。そこで得られる客観的な意見というものが、本人の社会性なり仕事力なりを鍛えていくのである。少なくともそう考える回路を持たない人、根拠もなく唯我独尊の世界に浸《ひた》りたがる人は、社会的に未成熟になりがちだ。

社会的な未成熟さは、傍から見ればすぐにわかる。「自己中心的」とほとんど同義だからだ。周囲がよく見えていないため、周囲に対して効果的に動くことができない。あるいは周囲にいつもフォローしてもらっているのに、それに気づくことができない。そういう人と一緒に仕事をしたいと思う人は、残念ながら少ないだろう。

例えば受験や恋愛などの経験も、人からの評価に晒される経験の一つである。社会人になれば、その目はますますシビアになる。それが世の中であると割り切って、自分をどう見せるか、自分はどう見られているかということに、もっと意識を向けたほうがいいのではないだろうか。


この「本当の自分」に関することでいえば、『自伝』にはフランクリンの「オリジナリティ」に対する考え方を示す象徴的なエピソードがある。

町の教会に新しく青年牧師が赴任《ふにん》してきたときのこと。彼は説教が上手で、宗派の違う人々まで魅了するほどだった。ところが、実はその説教は青年牧師のオリジナルではなく、イギリスの有名な牧師の説教を真似たものであることが判明。そればかりか、もともとオリジナルな部分は皆無であり、抜群の記憶力を活《い》かしてさまざまな論文などから引用を繰り返していただけだったという。つまりは〝パクリ〟の常習犯である。これによって青年牧師の評判は一気に凋落《ちょうらく》し、町の教会を追われることになる。

しかし、フランクリンの見方は違う。〈私はむしろ彼が普通の牧師がよくやるように自作のまずい説教をしないで、人の作った立派な説教を聞かせてくれることに賛成だった〉という。そのため、青年を追い出した教会には二度と足を運ばず、一方で青年牧師にはずっと献金を続けたそうである。

ふつう、「オリジナリティ」と「他者への効用」を不等式で表すと、前者を「大なり」とする人が多いだろう。だがフランクリンは後者を重視した。たしかに受け手側の立場になってみれば、この考えにも一理ある。

20

自惚《うぬぼ》れは明日への活力となる。だが、自慢はするな

社会的に未成熟であることと、自分に自信を持つこととは別だ。

概して日本人は、子どものころから「謙譲と謙遜こそ美徳である」と教えられてきた。「自分こそは」と前に出たがることは、みっともないとされてきた。だがそんなマインドもいき過ぎると、「どうせ自分なんか」と自信喪失になり、卑屈になる。

だから私は、あえて提言したい。自分の力で何らかの成果を残したいのなら、もっと自惚《うぬぼ》れてもいいのではないか。あるいは成果は残せなかったとしても、少なくとも卑怯《ひきょう》なマネはしない自分、人から信用されようと努める自分も、十分に称賛に値する。

だとすれば、ほとんどの人は自惚れることができるはずだ。そうやって自分を褒めることが、次の仕事への活力になるのではないだろうか。私はこれを「自画自賛力」

と呼んでいる。

実はフランクリンの「自画自賛力」も相当なものだ。『自伝』を残したこと自体がその証拠だし、冒頭では〈もしもお前の好きなようにしてよいと言われたならば、私はいままでの生涯を初めからそのまま繰返すことに少しも異存はない〉とまで述べている。それが叶《かな》わないから、せめて永久に残すために『自伝』を書くことにしたのだという。

こういう思考はプラスに働くものらしい。概して「自惚れ」というと、あまりいい意味では使われないが、フランクリンにとっては違う。

〈私は他人の自惚れに出逢うといつもなるべくこれを寛大な目で見ることにしている。自惚れというものは、その当人にもまたその関係者にも、しばしば利益をもたらすと信ずるからである。したがって、人生の他のさまざまな楽しみとともに、自惚れを与えて下さったことに対して神に感謝するとしても、多くの場合、必ずしも道理にあわぬことではあるまい〉と言い切る。これも一つの見識であり、能力だ。

ただし、自惚れと似て非なるものが「自慢」である。

前者は自身の心のうちで満足するものだが、後者は他人を巻き込む。むしろ他人に褒めてもらうことに意味がある。それは他人にとっては、なかば強制的に「すごいですね」「さすがですね」と言わされるということでもある。こういう状況が好きな人は、あまりいないだろう。


「自慢」のネタがどれほどの偉業であったとしても、自慢というスタイルで語られたとたん、その価値は大幅に落ちてしまうのではないだろうか。これも見識として、しっかり切り分けて考える必要がある。

ポイントはやはり、「いかに自分を客観視できるか」ということに尽きるだろう。

例えば何かいい仕事をして人から感謝され、自分でも満足できるとすれば、おおいに自惚れの対象になる。それが自信になり、次の仕事へのパワーになり、またいい仕事をしてますます自惚れる、という好循環が実現する。

しかし自慢は、「自信のなさの裏返し」であり、人に認めてもらいたいという主観から始まる。相手の都合は二の次になるから、自然と人は離れていく。それを挽回しようと自慢に拍車をかけるから、ますます人は遠ざかる。こんな悪循環に陥っていくわけだ。

およそ自信がみなぎっている人は、たとえ一言も発せずとも、その雰囲気が周囲に伝わるものだ。自慢のネタを探すより、自画自賛できるような技を身につけるほうが、よほど建設的である。

21

名文を再生してみる。人の話を再生してみる。身にならないわけがない

文筆家としても名を馳《は》せたフランクリンだが、その原点は一〇代半ばのころにある。友人とやりとりしていた手紙をたまたま父親に見られ、その文章を批判されたという。曰く、〈気品の高い言廻しや思想を整理する方法や明晰《めいせき》さの点ではずっと劣っている〉。これを機に、いい文章が書けるようになろうと決心するのである。

今日のビジネスシーンでも、文章（文書）作成能力は必須だろう。企画書や提案書はもちろんのこと、日々のメールでもこの能力は要求される。

「品がない」「いいたいことが整理されていない」「明晰に見えない（つまりはバカそうに見える）」などと上司や同僚に批判されたことはないだろうか。そういう人は、ぜひフランクリンが編み出した以下の方法を試していただきたい。

彼は、ある新聞が非常に立派な文章で書かれていることに気づき、真似てみたいと思い立つ。とはいえ、単純に書き写したわけではない。

まず、いくつかの記事を選び、一つ一つの文について簡単なメモを作成。それを数日間放置した後、今度はメモだけを見て記事を復元してみる。当然、元の記事どおりにはならないから、両者を比べて自分の間違いを修正する。

これでワンセットだ。たしかにこれを実践すれば、語彙《ごい》力やいい回しの不備にイヤでも気づかされることだろう。

あるいは、新聞に掲載されていた「物語」を詩に書き換え、やはり忘れたころに詩だけを見て「物語」を再生するという訓練も行った。さらには一文ごとのメモをバラバラにして放置し、次にその順番を正しく並べてみる、という方法も編み出した。

いうまでもなく、これは論理の整理力や組み立て力を強烈に鍛えることになる。記事の書き手の脳を自分の脳に移す作業、ともいえるだろう。

時間のあり余っている一〇代だからできた、などと思ってはいけない。フランクリンは一二歳から働きづめだった。この訓練を行うのは、仕事を終えた夜か朝仕事を始める前、あるいは礼拝をサボった日曜日に限定されていたという。忙しい昨今のビジネスパーソンでも、できないことはないはずだ。

こういった「再生」の訓練は文章を上達させるだけではなく、コミュニケーションの能力も向上させる。

実は私も講演会などで、冒頭に「これからする話を後で皆さんに再生してもらいますので、そのつもりで聞いてください」と呼びかけることがある。会場は一気にどよめきと緊張感に包まれるが、おかげで誰もが必死にメモを取りつつ聞いてくれる。

もちろん私も鬼ではないから、本当に誰かを指名して再生してもらったりすることはない。そのかわり、「今までいかに人の話を適当に聞き流してきたか、よくわかりましたね」と問いかけることは忘れない。

あるいは大学の授業でも、ある話をした後で、「この話を来週までに最低二人に伝えるように」と学生にリクエストすることがある。

私はなにも宣伝・布教活動を画策しているわけではない。人に話すことによって記憶が定着するということを、身をもって学んでもらおうと思っているのである。

「再生」を前提にすれば、コミュニケーションは必然的に濃密になる。インプットは常にアウトプットのためにある、と考えるぐらいでちょうどいいのだ。

22

途中で倒れても最優先の成果は残るようにする
——これが時間の使い方の要諦

およそビジネスパーソンたるもの、若いうちは勉強を続けるのが当たり前。語学や各種資格、あるいは仕事に即したスキルなど、たしかに学ぶべきことはたくさんある。不景気で仕事が減っている今こそ、むしろいろいろ学べるチャンスかもしれない。

これはおおいにけっこうなことだが、いささか気になる点もある。教育学が専門の私がいうのも妙な話だが、日本人は勉強に対して生真面目《きまじめ》すぎるのだ。

そう感じるのは、例えば学生に何かのアンケートを書き込んでもらうときだ。

私はこういうとき、必ず「最初からではなく、大事な設問から埋めるように」と指示している。途中で時間切れになったり、飽きてきたりしても、とりあえずその部分の回答さえあれば体裁を保てるからだ。

ところが、多くの学生はそれができない。最初の設問から順番に書き込み、往々にして大事な設問の前で息切れしてしまうのである。学校の試験をずっとそうやって解いてきたから、そのクセが抜けないのだろう。一事が万事この調子で、本や教科書は常に一ページ目から読みはじめるし、カリキュラムが与えられれば素直に従う。「几帳面《きちょうめん》」といえば聞こえはいいが、悪くいえば「思考停止」ということでもある。社会人になったからといって、この態度が急に変わることはないだろう。

しかしフルタイムで学べる学生ならともかく、時間の限られたビジネスパーソンの場合、もう少し合理的な割り切りも必要だ。たい焼きのアタマと尻尾を捨てて餡《あん》の部分だけをいただくように、優先順位をつける工夫があってもいい。

私は小説以外の本は、はじめのほうから読むことはあまりない。目次などから判断して一番大事なところ、著者のオリジナリティが出ているところをまず読んで、人に話せるようにしておく。自分にとって大切な2割をまず読んで、いいたいことの8割をつかむ2・8読書法をワザ化している。これは速読術ではないので、誰でも意識すればできるやり方だ。

必要性の高いところからやる、という点でも〝才能〟をいかんなく発揮したのがフランクリンだ。類稀《たぐいまれ》な勉強家だったことは間違いないが、同時に徹底した合理主義を導入したのである。

『自伝』によれば、彼は二七歳からフランス語とイタリア語とスペイン語の勉強を始めた。当時、これらの語学をマスターするなら、まずは系統的に源流にあたるラテン語を学ぶのがよいとされていたらしい。

しかし、彼はそこに疑問を持つ。ラテン語は日常的に滅多に使わない。もし途中で挫折したら、それまでに費やした時間はムダになる。また実用的ではないだけに、モチベーションも上がらない。

そこで同じ時間を費やすなら、最初から実用的な言語を学んだほうがよいのではないか。仮に途中で挫折しても、それまでに学んだ分は役に立つ、というわけだ。

途中で倒れても最優先の成果は残るようにしておこうという、いかにも合理的・商人的な発想だ。「時は金なり」の伝道者であることと照らし合わせると、要するにコストパフォーマンスを最優先したということだ。

実際、彼はまずフランス語からスタートし、挫折することなくイタリア語、スペイン語の順に習得した結果、なぜかラテン語の聖書まで読めるようになったという。まず目的を明確にし、それを達成するための最良の手段を考える。一般的に定番とされている方法も、自分なりの〝ものさし〟で考え直してみる。結果的には、そういうワンクッションがモノをいうのである。

これは勉強のみならず、日々の仕事についてもいえることだ。同じ作業を繰り返していると、それが最良の方法か否かという疑問を持たなくなってくる。その結果、すっかり周囲から立ち遅れてしまったりするのである。個人でも、組織でも、こういう例は少なくない気がする。

23

勉強は〝勉友《べんとも》〟とする

フランクリンの勉強法の工夫は、それだけではない。人を巻き込んでモチベーションの維持に努めたのである。

イタリア語を勉強しているときのこと、彼の周囲には一人の勉強仲間がいた。だがこの友人、無類のチェス好きで、しきりにフランクリンを誘っては勉強の邪魔をした。

そこでフランクリンは一計を案じる。チェスの勝負をして、勝った者が負けた者に対して文法暗記や翻訳などの宿題を課すことができる、というルールを決めたのだ。「不賛成ならチェスはもうやめる」と宣言したというから、チェス好きの友人としては従うしかなかったのだろう。

負けた者は、次に会うまでに名誉にかけて宿題を終わらせなければならない。できなければチェスもお預けになる。いやが上にも勉強せざるを得ないわけだ。
二人のチェスの腕前は同程度だったため、〈こうして私たちはお互に相手を負かしてはイタリー語を勉強させあった。私は後にはスペイン語も、大して骨を折らずに本が読める程度にはできるようになった〉という。

この方法には、私もおおいに共感できる。実は中学生時代から大学院受験のころまでずっと、いわば〝勉友《べんとも》〟と二人で勉強しあってきたからだ。むしろこれが自然だと思っていたが、世の中では少数派らしい。

特にビジネスパーソンの場合、本業ではない分、勉強のモチベーションを保つのは難しい。しかし同じような〝勉友〟がいれば、酒を飲んだり遊んだりしながら互いに支えあうことができる。無味乾燥になりがちな勉強を長続きさせるための、一つの方法ではないだろうか。

これだけ勉強している人が多いのだから、あとは連帯するだけ。いかにフランクリンのようにルール化できるかが勝負の分かれ目だ。

24

読書で的を射た思考法を身につけよ

どれほど「天才」と呼ばれるスポーツ選手でも、ふだんの練習がなければ勝てない。とりわけ下半身を鍛えるランニングは、あらゆるスポーツに共通する基礎トレーニングである。

では、ビジネスパーソンにとってのランニングとは何か。私が思うに、それは「読書」ではないだろうか。「何を今さら」と思われるかもしれないが、これは単なる情報収集やスキルアップのため、という意味ではない。もっと根源的に、生きていく上でベースとなる知性・教養を身につけるための読書である。社会で相応の責任を負って働くには、あるいは人から信頼されるには、これが欠かせないはずだ。

もう少し具体的に説明しよう。ここでいう知性・教養とは、知識の広さ・深さのみならず、論理的なものの考え方という意味でもある。古今東西には無数の思考があり、その結果として生まれた物語や出来事がある。多くの本を通じてそのさまざまなロジックに触れれば、脳は少なからず刺激を受ける。

それが蓄積されれば、いざ自分が思考する場面でも、バランスのとれた解《かい》を導き出せるようになる。どのようなビジネスシーンでも、この能力は必須だろう。だから、日ごろの基礎トレーニングとしての読書が不可欠なのだ。

実際、世に成功者と呼ばれる人々の多くは読書家だ。これは偶然ではなく、本によって論理的な思考を身につけたからこそ、いくつもの重要な局面で正しい判断を行うことができたのだろう。

フランクリンも、その典型的な一人である。幼少のころから無類の本好きで、〈わずかながら手に入る金はみんな本代に使った〉という。

これは、私にとってもおおいに共感できる話である。学生のころから、生活が苦しくなっても本は買い続けた。もっと正確にいえば、生活費と書籍代とは完全な〝別会計〟にしていた。そうしなければ「知」は身につかないという信念があったからだ。今にして思えばこれは正解だったし、今後も正解であり続けるだろう。

身銭を切るからこそ、モトを取ろうと必死に読む。時間がないからこそ、重要な部分だけでも集中的に吸収するクセがつく。そして自分の書棚にずっと置いておくからこそ、その背表紙が目に触れるたびに自然に内容や印象を思い出す。こうして得た情報が、自らの血となり肉となっていくのである。

25

毎日のネットサーフィンより、数冊の良書を

昨今は、どんな情報でもインターネットを使えば瞬時に無料で得られる。「知」に対してお金を払うという感覚自体が、失われているのかもしれない。

だが私の経験則からいえば、ネットなどから安易に得た情報は安易に消えていく。受け入れる心の構えができていないから、身につく力も弱いのだ。

もちろん便利ではあり、刺激を受けることもあるが、ネットだけに頼るのは、ランニングをショートカットすることに等しい。それは仕事に対する消極性、ないしは精神の弱さにつながるのではないだろうか。

さらに分析すると、ここには大きく二つの側面がある。

一つは、あまりにも情報が溢れかえっているため、むしろ重要な情報の選択が難しくなっているということだ。例えば本だけを見ても、今は刊行点数があまりにも多い。その中には、とても印刷する価値があるとは思えないものもある。それが価値のある本とまったくフラットに並んでいるのが現状だ。

これだけ本が洪水化すると、当然ながら読者も選択に迷う。そこで手っとり早い〝ガイド〟になるのが、ベストセラーのランキングだ。だが残念ながら、売れている本が良書とはかぎらない。仮に一位から一〇位までを読破しても、非常に多くのものを得られるかどうかはわからない。

そしてもう一つの側面は、読み手の吸収力が弱まっているということだ。やはり情報の爆発的な増加により、何に触れても食傷《しょくしょう》気味になっている。かつて本そのものが貴重だった時代に比べ、一冊に集中できなくなっているのである。

学生を見ていても、せっかく優れた教科書を持っているのに、ほとんど吸収せずに通り過ぎてしまう者が多い。

例えば、ネットでニュースをチェックする習慣を一〇年間続けた人より、数冊の良書を数カ月間精読して自分のものにした人のほうが、よほど思考力が高く、応用力に優れ、学問的にも通用するのではないだろうか。

これは決定的な差を生むだろう。そしてもちろん、世の中から求められるのも後者のような人材である。

本に飢え、チャンスを見つけては貪《むさぼ》るように読んでいたフランクリンと、情報が溢れ過ぎて選択に迷い、吸収しきれない現代の人々。本当に豊かなのはどちらだろうか。

26

お金の知識を軽視する者は、お金に泣く

『自伝』において、少なからぬ頻度で登場するキーワードが「お金」だ。前出の「十三徳」の中に「節約」があることからも、相応のこだわりが感じられよう。

ただし、けっして「ケチ」とか「がめつい」といった類のこだわりではない。人格者を目指し、勤勉と倹約を励行し、人から信用され、ビジネスがうまくいった結果としてお金が増える。これ以上に望むべき幸福があろうかという、きわめてストレートな主張がここにはある。

さらに特徴的なのは、「信用がお金を生む」だけではなく「お金が信用を生む」とも説いていることだ。

例えばフランクリンは三一歳のとき、フィラデルフィアの郵便局長に就任した。前

任者の会計報告がいい加減だったため、業《ごう》を煮やした郵政長官が人事権を発動したのである。見方を変えれば、それだけフランクリンは「お金の管理がしっかりできる人」として周囲から信用されていたわけだ。

このポストの給料は安かったが、多大なメリットをもたらした。

実は前局長とフランクリンとは、ともに同地域で新聞を発行する〝商売敵《がたき》〟でもあった。前局長はその任にあるとき、フランクリンの新聞の郵便による配達を認めなかった。おかげでかなりの不利益を被《こうむ》ってきたという。

しかし、交代劇によって立場は一八〇度逆転。さすがにフランクリンは前局長の新聞の配達を止めるようなことはしなかったが、自らの新聞も大々的に配達できるようになり、発行部数は伸び、広告も増え、大きな収入を得たという。必然的に、前局長の新聞は衰退した。

『自伝』はこの話とともに、明瞭かつ几帳面な会計報告と、正確な送金の重要性を訴える。〈こういうことをよく守るという評判は、新しい仕事についたり、事業を拡張するような場合に、もっとも有力な推薦状になるのである〉とは、まさに現代にも通用するメッセージだろう。あるいは働く上での基盤としても、会計知識の習得を推奨している。ある女性が死別した夫の事業を受け継いだ後、会計報告などをきっちりこなして立て直した事例を紹介しつつ、以下のように説いている。

〈未亡人になった場合、音楽やダンスよりも、このほうが自分自身にもその子供たちにも役に立つのである。会計の知識があれば、悪賢い男に欺《だま》されて損をすることもなくてすみ、（略）けっきょくいつまでも一家の利益、繁昌《はんじょう》のもとになるのである〉

おそらく当時、一般的に学ぶべき教養としては、哲学や文学、政治、宗教などが重視されていたに違いない。むしろ経済や会計は、これらより一段低く見られていたのではないだろうか。しかし、フランクリンの価値観は違う。さすがに実業家らしく、何が利益に資《し》するのかを熟知していたわけだ。

これも今日にそっくり当てはまる。会計知識を今風にいえば「金融リテラシー」だ。〝悪賢い男〟が跋扈《ばっこ》する昨今だけに、この重要性はフランクリンの時代より増しているかもしれない。

27

フランクリン流「頭がよくなる食事」とは

私たちがフランクリンから学ぶべきは、これまで述べてきたようにさまざまな上達方法を自ら編み出したことだ。目標に向けて創意工夫することは、能力以前に姿勢の問題だろう。

例えば、日々の食事に対する〝こだわり〟も相当なものだ。「文章上達術」に取り組んでいたのと同じころ、フランクリンは菜食主義を奨励する本に感化されてベジタリアンを志す。

だが当時の彼の食事は、雇い主で独身だった兄や他の従業員の分とともに、近所の家にお金を払って用意してもらっていた。そういう状況で一人だけ「肉を食べない」と宣言したため、兄から「お前は変人だ」とひどく叱られたらしい。たしかに兄にとっては迷惑な話だっただろう。

しかし、そこであきらめないのがフランクリンだ。自ら菜食の料理法をいくつか覚え、兄に「自炊をしたい」と申し出て、それまで兄が彼の食事のために払っていたお金の半分を直接受け取ることにしたのである。

その結果、〈まもなく兄のくれる金が半分は残ることが分った。この残った金は本を買う足《た》しにした〉という。菜食を貫きつつお金も得るという、絶妙の解決策を生み出したわけだ。

それだけではない。兄や他の従業員が食事に出かけている間、印刷所に一人残ることになったフランクリンは、〈ビスケット一つかパン一切れと、一つまみの乾葡萄《ほしぶどう》か菓子屋《かしや》から買って来るパイ一つ、それに水一杯ぐらい〉というごくごく軽い食事を済ませると、余った時間を勉強にあてたという。

この向学心もすばらしいが、〈飲食を節するとたいてい頭がはっきりして理解が早くなるもので、そのため私の勉強は大いに進んだ〉そうである。これと同様のことは、かのエジソンも述べている。二人の巨人が言及するからには、何らかの真理があるのだろう。

この〝こだわり〟は、のちにロンドンの印刷所で働くようになってからも継続する。現地の工員たちは、朝からビールを飲みながら働くのが慣例だった。だがフランクリンは、当然ながらそれを是《ぜ》としない。「水飲みのアメリカ人」とからかわれながら、一人精力的に働いた。むしろ彼らに対して悪しき習慣を改めるよう、説得を試みたこともあるという。そのセリフが、いかにもフランクリンらしい。

曰く、〈ビールを飲んで生じる精力は、ほかでもない、ビールの成分である水の中に溶けている大麦の粒ないしは粉の量に比例するものであって、一ペニー分のパンのほうが粉の量が多い〉。だから水とパンのほうがいいではないか、というわけだ。

最初は疎外されていたフランクリンだったが、もちろん怯《ひる》まない。しだいに仲間と打ち解けて勢力を拡大すると、一気に印刷所内のルール改正を提案して認めさせた。これにより、多くの者は〈ビールとパンとチーズという頭を悪くする朝食を止めてしまった〉という。

フランクリンが推奨する〈一ペニー半で、胡椒《こしょう》を散らし、パン屑《くず》をまぜ、少量のバタを加えた熱い粥《かゆ》を大きな丼に入れた〉朝食のほうが、〈安上がりであるばかりか、うまくもあり、また頭をはっきりさせておいてくれることが分ったからである〉と誇るように述べている。経験に基づいた、この徹底した合理性の前には、どんな強者もひれ伏すしかないのかもしれない。

同じ目標へ向かうにしても、人に言われたとおりに動くのと、到達法を編み出して動くのとでは、馬力がまるで違う。前者は目標に到達すれば終わりだが、後者はさらに上を目指すことができるのである。

28
困っている人がいれば、具体的な方法で助ける。それをできるのが、一流の人

前項の延長線上で、今の時代に大切なのが「好奇心」だ。

例えば理系の学生が小説を読んで感動することはよくあるし、文系の学生が科学技術のおもしろさに目覚めることもある。今までまったく知らなかった絵画や楽器やスポーツなどに、俄然《がぜん》興味が湧くこともある。あらゆる情報が溢れかえっている昨今だから、むしろそういう機会は多いだろう。

ところが、そこで心を揺さぶられても、それだけで終わってしまう者が少なくない。小説を手当たりしだいに読んでみるとか、専門書にチャレンジしてみるといった〝もう一歩〟をなかなか踏み出さないのである。「趣味」のレベルに留まっているわけだ。

その道のプロを目指せ、とまではいわないが、もっと深く掘り下げるバイタリティが

あってもいい。少なくとも、自分で限界を定める必要はないはずだ。

この点においても、フランクリンのとった行動は参考になる。彼は科学者でもあり、特に稲妻が電気であると証明したことで有名だ。だがすでに述べてきたとおり、もともとは勤勉な印刷業者にすぎない。高等な学校教育も受けていない。実際、電気の研究を開始したのは四〇歳になってからだ。では、彼を突き動かしたものは何か。

察するに、若いころからの膨大な読書や仲間うちの勉強会により、知識を得る楽しさ、新しいものに触れるワクワク感が身についていたのだろう。一言でいえば「好奇心」だが、それは先天的なものではなく、ある程度の知識・情報を得ると加速度的に膨らんでいくものだ。仕事や経歴や年齢とは無関係に、とことんまで突き詰めてみたくなるのである。

具体的に、フランクリンが電気の研究に携わる経緯をたどってみよう。

ボストンを訪れたときのこと、スコットランドから来ていたスペンスという博士と出会い、ある電気実験を見学させてもらうことになった。ところが、博士は実験に慣れておらず、なかなかうまくいかない。

しかし、ここで落胆したり、博士をバカにしたりしないのがフランクリンだ。その実験の斬新さに驚き喜び、ただちにロンドンのイギリス学士院に問い合わせ、実験道具を寄贈してもらうことに成功する。自ら実験に熟練しようと思い立ったのである。

表面的な成否ではなく、本質をつかんで心を躍《おど》らせる眼力、さらに自分でやってやろうという行動力は、やはり非凡といえるだろう。

その結果、思惑どおり腕を上げることができたが、得たものはそれだけではない。この延長線上で新しい実験までマスターしたという。好奇心から出発し、技を真似て、熟練することで新たなものを生み出す。これは、クリエイティビティの教科書のようなプロセスである。


この話には、興味深い続きがある。フランクリンの自宅には、新しい実験を見物しようと、連日多くの野次馬《やじうま》が殺到した。これをわずらわしいと感じた彼は、同じ役割を友人に分担させようと考えた。つまり、友人に同じ実験を習熟させれば、それだけ見物人も分散されるというわけだ。

その友人の中に、キナズリーという名の失業中の牧師がいた。フランクリンは彼にも実験道具を与え、ついでに詳細な講義案まで書いて渡し、「これで見物人から金を取って儲けてはどうか」と提案。これが、見事に奏功した。もともとキナズリーは手先が器用で、実験をただちにマスター。さらに実験道具も見栄《みば》えがよくなるように工夫していた。

おかげで多くの見物人が訪れ、彼はひと財産を築くことができたという。さらにその後、国内各地はおろか海外にまで〝実験ツアー〟に出かけるようになったそうである。キナズリーにとってフランクリンは、間違いなく足を向けて寝られないほどの大恩人といえるだろう。

だがもちろん、『自伝』に恩着せがましいことは何一つ書かれていない。こうして困っている友人にサラリと手を差し伸べるあたり、なるほど一流人の仕事とはこういうものかと、感服せずにはいられない。

29 自らへの評価が気にならなくなる方法

電気実験の話は、さらに海外で意外な展開を見せる。フランクリンはイギリス学士院の関係者に、キナズリー用に書いた「稲妻と電気は同一である」という主旨の論文を送付した。道具を提供してくれた御礼を兼ねて、実験の成功を報告するためだ。

ところが学士院では、誰もがこの論文をバカにして、一笑に付すのみ。ただ一人だけ興味を持った学者が印刷業者に持ち込み、本として出版された。それがどういう経緯からか、たまたまフランスの高名な学者の手に渡り、パリでもフランス語に翻訳されて刊行。とはいえ、この時点でも話題になることはなかったらしい。

ところが、フランス語版を読んだ同国の一人の学者が、その中身に対して猛烈な批判を展開しはじめる。自身の唱える学説に反するためだが、加えてフランスでもイギリスでもなく、一介の植民地にすぎないアメリカの、しかも無名の民間人による論文であることが、余計に彼のボルテージを上げさせたようだ。このあたりから、にわかに周辺が慌《あわ》ただしくなってくる。

その学者は、執拗《しつよう》にフランクリンに手紙を送り、いかに自説が正しいか、本の中身が間違っているかを指摘してきた。これに対してフランクリンも反論の手紙を出そうと考えたが、結局思い止《とど》まる。

〈私の本には実験の記録がのっているのだから、誰でも実験を繰返して確めて見ることができるし、それができないようなら、私の説は守ることができないことになる〉というのがその理由だ。議論するより実験で是非を決めれば済む、と割り切っているわけだ。

さらに〈わずかでも公事の余暇《よか》があったら、それをすでに終った実験について論争して費《ついや》すよりも、新しい実験に費すほうがよい〉という、まことに合理的な正論も述べている。余計なプライドやこだわりを持たない分、自分のエネルギーを過去ではなく未来に使えるということだろう。

またこういうとき、たいていフランクリンには支援者が現れる。ここではフランス王立学術協会に所属する友人の科学者がフランクリンを支持し、その学者の説を論破した。それとともに、フランクリンの本は、イタリア語、ドイツ語、ラテン語に翻訳され、欧州全土に〝定説〟として定着していったのである。

その後、この友人の科学者がフランスで本にあるとおりの実験を行い、雲から稲妻を導き出すことに成功。これは「フィラデルフィアの実験」と呼ばれてたちまち世間の注目を浴び、国王の前でも実験したという。おかげで本もおおいに売れたらしい。

またフランクリン自身も、凧《たこ》を使って同様の実験に成功した。これらは人類史上に残る発見であり、その顚末《てんまつ》だけでも一冊の本になりそうだが、『自伝』ではさほど詳しく述べていない。〈(これらについて) 長々と書き綴ることはやめにしよう。二つとも電気学史の中に出て来るはずだから〉だそうである。

合理主義も、ここまで徹底されれば爽快だ。むしろ合理性を追求するがゆえに、自尊心をコントロールできている部分もあるのかもしれない。とにかく人の役に立てばよい、社会にプラスに働けばよい、という目的に徹すれば、自分への評価は誰かが勝手にやるはず、というわけだ。

ともすれば「合理主義」というと、人格的な冷たさ・非情さを連想させる。しかし少なくともフランクリンにかぎっていえば、「合理主義」こそが人への優しさ・温かさの源泉だったのではないだろうか。これを見習い、「自分が誇らなくても、成果は社史の中に出てくるはず」といえる日を夢見て仕事に励んでみてはいかがだろう。

いささか余談ながら、この話にまつわる痛快で重要なエピソードを二つ紹介しておきたい。

一つは、初めて実験を開始した四〇歳ごろの話だ。多忙なはずのフランクリンがこういう作業に没頭できたのは、それまで続けてきた印刷所の経営全般を有能な後進に委ねたからだ。それによって生まれた時間と富を、学問に費やそうと考えたのである。

ところが、こうして実験に勤しむフランクリンを、世間は放っておかなかった。「そんな暇があるなら」とばかり、〈市政のあらゆる部門から、それもほとんど同時に、何かしら他の仕事を押しつけてくる有様〉だったという。こうして就任したのが治安判事、市会議員、そして州会議員などだ。

のちに政治や軍事に深く携わるのは、これがきっかけだったのだ。フランクリンが周囲からどれほど有能と思われていたか、そういう人はどれほど自動的に押し上げられるものかを、この一事は如実《にょじつ》に示している。

もう一つのエピソードは、「フィラデルフィアの実験」成功の後日談だ。当初、その論文を歯牙《しが》にもかけなかったイギリス学士院は、やがてその不明を恥じ、学士院発行の「紀要」に掲載。同時にフランクリンを会員として推挙した。当時、会員には会費が課せられたが、フランクリンはそれも免除されたという。

Chapter 3

勝つことより大切なもの
——確実な信頼を得る「人間関係術」

他人の敵意のある行動を恨《うら》んでこれに返報し、
敵対行為をつづけるよりも、
考え深くそれを取りのけるようにするほうが
ずっと得《とく》なのである。

30 「見込みのあるヤツ」と思わせる条件その一 ——「スピード」

これは、知り合いのイラン人の話だ。彼は都内のレストランで皿洗いとして働いていた。当然ながら仕事はキツいし、給料は安い。

だが、彼はただ言われたとおり皿を洗っていただけではなかった。プロの料理人がサラダをつくる様子を観察してコツを覚え、夜の閉店後には居残って練習し、ついには料理人よりサラダを早く上手につくれるようになったのである。

こうなると、店としても彼の実力を認めざるを得ない。彼はサラダ専門の料理人に〝昇格〟し、周囲からも一目置かれる存在になった。向上心と能力が認められたわけだ。

若き日のフランクリンも、こういう経験の連続だった。一八歳でロンドンに渡ったときの話も、その一例だ。

もともとこの旅は、印刷所を起業するため、その機材などを買いつけることが目的だった。当時懇意にしていたペンシルベニア州知事が、ロンドンにいる知り合いに推薦状を出すと約束してくれたことで実現したのである。したがって当初は、用件さえ済めば早々に帰国する予定だった。

ところがロンドンに着いてみると、州知事が一通の推薦状も書いていないことが判明する。フランクリンは右も左もわからぬ異国の地で、一人取り残されたわけだ。仕方なく、帰りの船賃を稼ぐためにも、腕に覚えのある印刷の仕事を探して働きはじめた。以来、一年半にわたってロンドンに留まることになるのである。

ここでグレたりせず、持ち前の勤勉さを発揮するのがフランクリンだ。まったく休みをとらずに働き続けたため、雇い主にたいそう気に入られたらしい。しかも勤勉のおかげで植字も突出して早かったため、急ぎの仕事はほとんど彼が任された。〈急ぎの仕事はたいていい賃銀がよかった。こういうふうで、この頃には私もすこぶる愉快に暮していた〉そうである。

先のイラン人にも共通することだが、仕事で成功するための必須条件は、上司などしかるべき人に「見込みのあるヤツ」と思われることだ。どんな仕事も一人ではできない以上、これは当然だろう。

逆にいえば、どうすれば上司に認められるかを考えることで、自分は何をすべきかが見えてくる。それはもちろん、口先だけで自分をアピールしたり、媚《こ》びへつらったりすることではない。多くの場合、まずは目の前の仕事で期待以上の成果を出すことである。

その端的な方法が、スピードを上げることだ。これは今風にいえば「生産性の向上」を意味する。当然ながら仕事ができる・できないを分ける大きな要素だ。早く仕上げられればますます信頼されて、より多くの仕事、大きな仕事を任されるようになる。単純な好循環が生まれるわけだ。世の中の変化が早い昨今、最先端で働いている人ほど、このウエートは大きいだろう。

31

「見込みのあるヤツ」と思わせる条件その二
「勤勉な技術屋」

フランクリンは勤勉かつ優秀であることが、どれほど人を惹《ひ》きつけるものか、『自伝』の中で多少の嫌味を含ませつつ、何度も克明に記している。

例えば、ロンドンからフィラデルフィアに帰ることを決断したのも、現地で知り合った優秀な事業家に「共同で事業を」と誘われたからだ。ところが帰国して間もなく、この事業家は病気で命を落とす。フランクリンはふたたび〝あて〟を失ったわけだ。

そこで声をかけてきたのが、かつての雇い主キーマーだった。フランクリンは当初固辞していたが、以前より高い条件を提示された上、他に職もなかったため、受けることにする。その後のエピソードも、また秀逸だ。

あるとき、キーマーがニュージャージー植民地の紙幣印刷の仕事を取ってくる。精巧さが要求される仕事のため、フランクリンの技術力が必要だった。そこで二人で現地へ赴《おもむ》いて〝出張印刷〟を行ったが、モノがモノだけに、現場では常に地元の有力者たちが監督のために立ち会っていた。

その際、彼らはキーマーではなくフランクリンとばかり話をしたという。〈本を読んだおかげで私はキーマーよりも頭がずっと進んでいたが、恐らくそのためであろう（略）。彼らは私を自分の家に招いたり、友達を引き合わせたり、たいそう懇切《こんせつ》にしてくれたが、キーマーのほうは、主人でありながら、少々疎《うと》んじられた〉そうである。

さらにいえば、ここで知り合った彼らとは、その後もずっと関係を持ち、互いに協力しあったという。フランクリンの言葉を借りるなら、〈生涯じゅう私に対して敬意を持ちつづけてくれた〉らしい。

「頭が進んでいる」かどうかはともかく、勤勉であること、何らかの技術を持つこと、読書などでより多くの知識を持つことなら誰にでもできる。そしてこういう人物は、周辺にいる人が放っておかないだろう。

また彼らの中の一人は、〈「わしの見るところでは、お前さんはきっとまもなくこの男（引用者注：キーマー）の仕事をとってしまい、この商売でフィラデルフィアで一《ひ》と財産こしらえるだろうよ」〉と語ったという。実際、この予言どおりになるのだが、その第一歩もまた、人の協力に負うところが大きい。

印刷所を起業するために事務所を借り、機材を揃えた時点で、フランクリンの手持ちの資金はほとんど底を突いた。さてどうしたものかと思っていた矢先、友人の一人が路上でたまたま「印刷所を探している」という人物と出会い、さっそくフランクリンの事務所に案内した。

これが独立後の初仕事となって、一息つくことができたという。〈その嬉しかったことは、その後稼《かせ》いで手に入れたどのクラウン銀貨（原注：英国の五シリング銀貨）とも比《くら》べものにならない〉としている。

ここで、友人の立場になって想像してみていただきたい。独立・起業したばかり、あるいは就職したばかりの友人に客を紹介してあげようと思うのは、どんな条件が整ったときだろうか。

まず親しい間柄であることは間違いないが、「彼（彼女）ならしっかりやってくれるはず」という絶対的な信頼感が不可欠だろう。つまりフランクリンは、そう周囲の友人に思わせるほど、絶大な信用・信頼を得ていたということだ。

なおフランクリンはその後、この友人への感謝の念から、〈若くて独立する人をしばしば進んで援助するように〉なったという。今日の「ベンチャーキャピタル」の源流が、ここにあるのかもしれない。

32

「見込みのあるヤツ」と思わせる条件その三——「えげつないまでの戦略性」

フランクリンが印刷所を開業した当時、地域にはすでにキーマーともう一人、ブラッドフォードという名の同業者がいた。三者はいわば〝三つ巴《どもえ》〟の競争を展開していくわけだが、最終的に勝ち残ったのはフランクリンだった。もともと技術力が優れていたためでもあるが、えげつないほどの戦略家だったことも事実だ。

フランクリンは印刷業を足場に、将来的には新聞も発行しようと計画していた。ところが、それを知ったキーマーが、フランクリンを出し抜こうと自らも新聞発行を画策する。

当然ながら、フランクリンとしてはおもしろくない。そこでとった行動は、まるで今日の経済小説にでも出てきそうな「えげつない」ものだった。すでに刊行されていたブラッドフォードの新聞に、読者の興味を引くようなコラムを数カ月にわたって連載したのである。しかもその中では、キーマーの計画を〈茶化《ちゃか》したり冷かしたり〉することも忘れない。これによってブラッドフォードの新聞の読者を増やし、キーマーの新聞の出端《ではな》を挫《くじ》いてやろうというわけだ。

それでもキーマーは新聞を刊行したが、フランクリンの思惑どおり、まったく売れなかった。さらにすごいのはここからだ。九カ月後、フランクリンはキーマーから、この不採算事業を丸ごと格安で買収する。こうして新聞発行の礎をあっさり築いたのである。その新聞は、フランクリンの文章力や体裁の美しさが評判を呼び、数年後には〈たいそう儲かるようになった〉そうである。

こうして新聞が評判になると、地域の有力者たちが続々とフランクリンを支援・激励するようになったという。「売れるマスコミを敵に回したくない」という、これまた今日的な思惑が働いたらしい。

次の標的は、当然ながらブラッドフォードである。彼の印刷所は、主に州会など役所関係の仕事を一手に請け負っていた。だが、その印刷物は誤植だらけで、印字の品質も低かった。

そこに目をつけたフランクリン、ただちにまったく同じ印刷物を誤植ゼロ・高品質でつくり上げ、州会の全議員に送りつけた。〈これでうまいまずいの違いが議員連にも分ったため、州会内に私たちの味方の勢力がふえ、翌年の州会御用印刷人には私たちが選ばれることになった〉のである。

いささか露骨すぎる感は否めないが、こういう競争はビジネス社会の常だろう。

しかしいずれにも共通するのは、結果的に周囲にメリットをもたらし、自分の信用を高めたということだ。けっして「悪徳」や「卑劣」ではないし、無理やりという印象も受けない。だから多くの人が、ますますフランクリンに期待を寄せるようになったのだろう。

これらにかぎらず、『自伝』には「味方が増えた」「推薦状をもらった」「知遇を得た」といった表現が随所に登場する。フランクリンがこういうチャンスに相当の重点を置いていたことは、容易に読み取れる。人とのつながりが大きな価値を持っていることを、非常に意識していたわけだ。

そして現代も、この価値はまったく変わらない。私はしばしば、経営者の方々をメンバーとする会員制の倶楽部に招いていただくことがある。

そういう場で経営者どうしの会話を聞いていると、普通のコミュニケーションと比べて、目立った特徴を感じる。「○○さんを知っているか」「△△さんとゴルフに行こう」「××さんを紹介するよ」等々、会話の多くが人脈に関わっている。要は人的ネットワークの拡充に余念がないのである。

もちろん、単なる飲み仲間や遊び仲間を求めているわけではない。こういうフランクな関係の中から、重要な情報を得たり、仕事を融通しあったり、新たな契約を結んだりしているのである。

ネットワークが効力を発揮するのは、経営者のみならず、あらゆるビジネスパーソンに共通だ。逆にいえば、そこに何らかのコネクションを持たないかぎり、なかなか「見込みのあるヤツ」とは気づいてもらえないわけだ。そのような社会の仕組みの是非はともかく、だからこそ戦略が重要なのである。

33

公平なルールが「人脈づくり」にもっとも有効

ＳＮＳの活用を含め、いわゆる「異業種交流会」やビジネスパーティは変わらず盛況らしい。キーパーソンを紹介したり、されたりといったことも珍しくない。それだけ、誰もが「人脈をつくりたい」という意識を強く持っているのだろう。

だがいくら連絡先を交換しても、その場だけのつき合いで終わってしまうことも少なくない。そうならないために、例えば好印象を与える会話術や、その後のフォロー法などが〝ノウハウ〟としてよく語られている。

これらも実践すれば効果はあるのだろうが、その一段上を行くのがフランクリンだ。彼は独立・起業する直前、個人的に「ジャントー・クラブ」なる組織を設立する。〈有能な知人の大部分を集めて相互の向上を計る〉ためのもので、当初のメンバーは数学者や測量師、商人の番頭など多士済々《たしさいさい》。これ自体は異業種交流会を主催するようなもので珍しくないが、本領を発揮するのはこれから。組織を維持・発展させるために、徹底的な「ルール化」を図ったのである。

例えば、集会は毎週金曜日の夜、メンバーは順番に政治や自然科学などに関して問題提起を行う、三カ月に一度は各自好きなテーマで論文を提出する、といった具合だ。さらにお互いに不快な思いをしないよう、議論の最中に独断的な言い方をしたり、人の意見に真っ向反対することも禁じた。〝違反〟した場合には少額の罰金を科すほどの徹底ぶりだ。

おかげで、このクラブは〈当時わが植民地にあってもっともすぐれた哲学・道徳・政治の学校となった〉という。お互いに切磋琢磨《せっさたくま》して勉強する機会になったし、会話・議論の技術も身につけることができたわけだ。

どれほど優秀な集団でも、目的を失えば散漫になる。しかし常にクリエイティブな議論が繰り返されていれば、人数に関わりなく意思は統一されやすい。当然ながらお互いの関係性も深くなるだろう。

さらに大きなポイントは、ルールを習慣化させることで、運営の手間が大幅に省《はぶ》けたことだ。クラブに加わるのは、ルールに賛同した者だけ。結果としてメンバーが増えても、いちいち主催者が仕切る必要はないし、集会の性質も変わらない。ともに有意義な時間を過ごしつつ成長できるのなら、特に解散の必要もない。

実際、このクラブは主要メンバーが亡くなるまで四〇年以上も継続したという。

またこのメンバーは、単に議論の場だけのつき合いではなく、フランクリンのために〈骨を折って仕事を取ってくれた〉という。もちろん、フランクリンが求めたわけではないはずだ。「この人のために役立ちたい」という気持ちが、お互いに自然に醸成されたに違いない。だとすれば、ますます今日的な意味での人脈に近かったといえるだろう。


つまりフランクリン流にいえば、人脈づくりにもっとも有効なのは、ウイットの利《き》いた会話術ではなく、公平なルールをつくることなのだ。

このアイデアは、今日にもそのまま通用する。

「交流会」より「勉強会」のような形にして、社交辞令や世間話に終始するのではなく、テーマとルールを決めて議論の場を提供する。そういう場で得た仲間は、飲み仲間や仕事仲間より深い関係になりやすい。ビジネスパーソンにとって貴重な人脈づくりができることは間違いないだろう。

34

「公共性」を追求すれば、協力者は必ず現れる

フランクリンがつくったクラブから生み出されたのは、人脈だけではない。その後のアメリカに大きな足跡を残す、数々の〝第一歩〟を創始した。

例えばメンバーが論文を書く際には、各自が持つ本から引用することが多かった。そこで考えたのは、そんな本を持ち寄って一箇所に集めること。そうすれば、誰でも必要に応じて調べられるようになるし、互いの蔵書をシェアすることで知識の幅も広がるというわけだ。

このアイデア自体は途中で頓挫《とんざ》したが、この経験をもとに、彼は有料組合員による書庫の管理・運営案を起草する。これが、アメリカにおける図書館の先駆《さきが》けとなったのである。やがてこの試みは全米に広がり、〈アメリカ人全体の知識水準を高め、平

凡な商人や百姓の教養を深めて諸外国のたいていの紳士に劣らぬだけのものに仕上げた〉という。

図書館だけではない。もっと生活に密着した部分にも改革をもたらしている。地域の夜警のあり方を変えたのも、その一つだ。当時の夜警は、警官が地域の住民を引き連れて行っていた。これに参加したくない住民は、警官に六シリングを払って免除される。そのお金で、別の参加者を募る仕組みだった。

しかし現実には、健全に機能しているとはいえなかった。警官は腐敗してろくに夜警をせず、同時に社会的によろしからぬ人を夜警団に招き入れる。だから一般市民はますます参加を拒み、六シリングを払い続ける。貯まったお金の多くは警官の懐《ふところ》に収まり、ますます腐敗する。こういう悪循環が生まれていたのである。

そこでフランクリンは、改革案を起草してクラブで発表する。警官の腐敗を指摘するとともに、もう一つ着目したのが今でいう〝税の逆進性〟の問題だ。守ってもらうべき財産が多い富裕層も少ない貧困層も、同じ六シリングを払うのは不公平ではないか、というわけである。

これを解決するため、第一に専門の夜警団を雇うこと、第二にその経費を財産の多《た》寡《か》に応じて市民に割り当てることを提案。この案はクラブで賛同を得たものの、ただちに実現とはならなかった。しかし数年後、クラブのメンバーがそれぞれ成長して地域の有力者になるとともに、きわめて容易に法制化されたそうである。


万事この調子で、地域に消防組合を組織したり、ペンシルベニア大学の前身となる学校を設立したり、富裕層から寄付を募って立派な礼拝堂を建てたり、さらには富くじを発行して町の防衛のために砲台を設置したりなどなど、八面六臂《はちめんろっぴ》の活躍ぶりだ。

いずれも、まずアイデアを文章にし、具体的なシステムやルールをつくり、本職である印刷技術を使って世に広め、まず仲間うちで賛同者を得て法律として定めるよう働きかけていく、というプロセスをたどる。さながら「ルール化の帝王」とでも呼べそうだ。

そしてもう一つ、特筆すべきは公共性と公平性へのこだわりだ。

フランクリンが起草したことは、いずれも一部の人だけが得をするわけではなく、賛同した人全員がメリットを享受できる仕組みになっている。またその裏返しとして、特定の誰かが負担を強《し》いられるのではなく、全員が応分の責任を負う。そういうフェアな契約関係を提示したからこそ、多くの賛同者・協力者が現れ、ことごとく成功したのだろう。

前述したとおり、フランクリンは「アメリカ資本主義の育ての親」と呼ばれている。それは単に金儲けが上手だったとか、〝一人勝ち〟したという意味ではない。公共性を出発点とし、知恵と資本と労働力を有効に活用して、全員が豊かになる世界を目指したということだ。

もちろんビジネスである以上、利益は追求しなければならない。しかし公共性の追求を前提に起業したりプロジェクトを立ち上げたりすれば、そこにはきっと「力になりたい」という人が現れる。そういうつながりの中で働けば、たとえ利益は半減したとしても、やりがいや楽しさ、それに人の輪は倍増するのではないだろうか。

フランクリンの超人的なバイタリティの源泉も、実はここにあったのかもしれない。

35

読書会から得られる計り知れないメリット

いきなり「勉強会」とか「ルールづくり」などといわれても、ハードルが高いと感じる人もいるかもしれない。ではその前段階として、「読書会」はいかがだろう。

実はフランクリンも、その実践者の一人である。

もともと無類の読書好きだったことは、前章で述べたとおりである。

兄のもとを離れ、初めてボストンからフィラデルフィアに移り住んだとき、〈やがて町の読書好きな若者たちの間に知人が数名でき、その人たちと私はすこぶる愉快に夜の時間を過すようになった〉と述べている。あるいは日曜日ごとに集まり、〈森へ楽《たの》しい散歩に出かけ、そこでかわるがわる書を読み合っては、読んだものについて話し合う〉といったこともしていたらしい。

「読書会」は、私も三〇歳過ぎまで、二～三人の友人とひんぱんに開いていた。また私の教え子たちの中にも、大学を卒業して数年を経てなお定期的に開いているグループがある。ある一冊の本を決めて集まり、それぞれ感想や批評を語りあうというシンプルなものだ。

ここから得られるものは計り知れない。まず何より、楽しい時間を過ごせるはずだ。例えば、同じ映画を見た者どうし、同じミュージシャンのファンどうしの会話は、尽きることがない。感想と情報の交換は、お互いに興味津々だからだ。各種さまざまな「オフ会」が盛況なのも、基本的にはそのためだろう。

対象が本になったとしても、まったく同じだ。むしろ、一人ではけっして選ばないような本にも接するから、見聞が広がる。あるいは一部分しか読んでいなくても、話を聞いているうちに全体像がわかるようになる。

こういう知的な発見は、ハマればハマるほどおもしろくなっていくものだ。つまり、一冊に対する理解が格段に深まるわけである。

あるいは自分の意見をまとめ、発言する訓練にもなる。底の浅いことを言えば恥をかくが、かといって仕事の場ではないから、発言権や信用を失うまでには至らない。この適度な緊張感が向上心と向学心を誘うのである。

そしてもう一つ、参加した者どうしの距離もグッと縮まる。共通の本をテーマに個人的な見解を発表しあうのだから、必然的に盛り上がるし、各人の思考パターンも読めるようになる。単なる友人とは違う、互いに高めあえる関係を築けるわけだ。

人間関係が社内の同僚と取引先、それに学生時代の仲間だけに限定されるようでは、いささか寂しい。そこに「読書仲間」というカテゴリーが加われば、新たな世界が開けるのではないだろうか。

最初は二〜三人で始め、適宜それぞれが本好きの仲間を連れてくるといった形にすれば、自然にメンバーも増えていく。そこからフランクリンを見習って、「勉強会」のような組織を発足させる手もあるだろう。〝趣味仲間〟となると嗜好《しこう》性が問題になるが、読書なら誰でもできるところがミソである。

36 〝ソリが合わない人〟と打ち解ける法

本には、「読む」「読書会で使う」以外にも効果的な〝使い道〟がある。フランクリンが実践した方法を紹介しよう。

概して本は、人と貸し借りすることがよくある。だが私の友人に、「人に本を貸さない主義」を貫いている者がいる。理由は単純、「貸したが最後、返ってきたためしがないから」だという。

たしかに、本は他のモノに比べて返却率がきわめて低い。読み終わるまでに時間がかかるため、つい返しそびれてしまうのか、読んでいるうちに自分のモノのように錯覚してしまうのかもしれない。しかしいずれにせよ、褒められた話ではないはずだ。

かくいう私の場合、人から本を借りること自体、滅多にない。どうしても必要に迫られて借りるときは、ポイントだけサッと読んで用件を済ませ、あっという間に返すのが私のルールだ。それで足りなければ、後日あらためて本屋さんへ買いに走る。ズルズルと借り続けて「いつでも読める」という安心感を得るより、「借りたものをしっかり返す人」という信用を得るほうが大事だと思うからだ。

おかげで、貸した人からは驚かれ、感謝されることすらある。もし「別の本を貸してほしい」とお願いすることがあれば、きっと快《こころよ》く応じてくれるだろう。

以上は常識の範囲だと思うが、フランクリンはこういう貸し借りを、むしろ人間関係の改善・強化に活用したのである。

彼は三〇歳でペンシルベニア州の州会書記に選ばれ、翌年も再選を果たそうとしたが、州会議員の一人がこれに反対。結局は選ばれたものの、フランクリンとしてはいい気がしない。

しかし、そこで敵対心をむき出しにしたり、逆にすり寄って媚びたりしないのが〝偉大なる凡人〟たるゆえんだ。彼はその議員が希少な本の持ち主であることを知り、それを四〜五日だけ借りたい旨を手紙で伝えた。議員からその本を送ってもらうと、一週間後には丁重な御礼の手紙を添えて返却した。

そんな律儀《りちぎ》な態度に、その議員はすっかり感服したらしい。その後の州会の際、議員のほうから彼に近づき、慇懃《いんぎん》な態度で話しかけてきたという。その場ですっかり打ち解けた両者は、生涯を通じて親交を温めたそうである。

これは結果オーライの〝美談〟ではない。フランクリンはこのエピソードを〈次のような方法を用いることにした〉として紹介している。つまり、自分の信用を高めるための〝作戦〟だったわけだ。

さらに、〈「一度面倒を見てくれた人は進んでまた面倒を見てくれる。こっちが恩を施《ほどこ》した相手はそうはいかない」〉とした上で、この話を以下のように締めくくっている。〈他人の敵意のある行動を恨《うら》んでこれに返報し、敵対行為をつづけるよりも、考え深くそれを取りのけるようにするほうがずっと得《とく》なのである〉

このイヤらしいまでの人間臭さが、フランクリンの魅力だ。まさに現実主義者・合理主義者の面目躍如《めんぼくやくじょ》といったところだろう。

37

悪口を一切言うな。小さな自己主張が大きな喪失を招く

昨今のSNSの普及は、多くの人を発言者に変えた。有名人であれ無名人であれ、あるいはその道のプロであれ素人《しろうと》であれ、誰でも自由に発言できる機会が生まれたことは、とりあえず世の中にとってプラスといえるだろう。

しかし自由すぎるため、ときどき暴走してしまうこともある。基本的に「私を見て」「私の考えを聞いて」という、いわば自己顕示欲の発露の場だが、それがいき過ぎると、「いかに自分がユニークか」を強調するあまり、傲慢な表現になったり、有名無名の他者に対する誹謗中傷《ひぼうちゅうしょう》になったりする。書いた本人は一時の快感を得ているのかもしれないが、読んでいて気分のいいものではない。的《まと》を射た議論や批判ならともかく、ただ感情を爆発させるだけなら、結果的に読者も離れてしまうだろう。

実はフランクリンも、この問題を若いころから認識し、ずっと自戒していたらしい。一八歳で独立・起業を父親に相談した際、〈人をそしったり皮肉《ひにく》ったりする悪い癖が多分にあるようだから、その点を慎《つつし》むように〉と戒められたほどだ。よほど口が悪かったのだろう。

だいたい人を傷つけたり怒らせたりするのは、自己主張の欲に負けて多弁が過ぎるときだ。それは結局、自分にとっても他人にとっても損にしかならない。胸に手を当てて考えてみれば、誰でも少なからず思い当たるフシがあるのではないだろうか。

だからフランクリンは、印刷業の延長で新聞を発行するようになってからも、一貫して〈誹謗や人身攻撃にわたることは、一切これを避けるように心を用いた〉という。記事の書き手の中には、今でいう「言論の自由」を主張して悪口などの掲載を求める者もいたが、それを断る際のフランクリンのセリフが秀逸だ。

〈「もしお望みならその文章は別に刷《す》って上げよう。あなたはお気に召すだけ何部でも持って行ってご自分で配《くば》るがよろしい。だが、私は人の悪口を広めるようなことは引受けたくない。(略)読者に関係のない個人的な言い争いは載せることができない。

そんなことをすれば、明《あき》らかに読者の利益を害するのだから」〉

これは単に倫理観や道徳観によるものではない。現実にフランクリンの発行した新聞は大成功し、ライバル紙を圧倒した。〈私の例を見れば、私の取ったような経営方針は、終局において自分たちの利益に反するものでないことが分るであろう〉と功利主義者らしい一文を記している。

悪口は災いのもと。子どもでもわかる教訓だが、一時の感情に流されやすいのもまた人間だ。フランクリンを見習い、「悪口を一切言わない」ということを肝に銘じて習慣化してみてはいかがだろう。

38 「ソクラテス式」説得の技術――論破するな！

また「悪口」とまではいえないが、例えば会議や交渉の席で、つい熱くなって強い言い方をしてしまう人が少なくない。ゲームとしてのディベートならともかく、ビジネスでのコミュニケーションは常に"Win-Win"を目指すのが大前提だから、これはいかにも不都合だ。仮にその場で相手を論破できたとしても、人間関係を壊してしまっては何も得られないだろう。

これについても、フランクリンは身に覚えがあるようだ。若いころは人と議論して、相手の説を頭ごなしに否定したり、頑固に自説を主張したりしていたらしい。

ところがある本で、かのソクラテスが行った「ソクラテス式論争法」なるものに出合い、すっかり感化されてコミュニケーションのあり方をガラリと変えた。

それを参考に、自説を主張するにしても、「きっと」とか「疑いもなく」といった断定的な言葉を避けるようにした。そのかわり、「私はこうではないかと思う」とか「多分そうでしょう」と柔らかく表現する。あるいは相手が明らかに間違っていても、「時と場合によっては君の意見も正しいだろうが、現在の場合はどうも違うようだ」と婉曲《えんきょく》的に諭す。つまりは、「寄り添いつつずらす」というソフトな対話路線に転換したのだ。

これを習慣化した効果はたちまち表れた。本人の弁によれば、彼はもともと話が下手で、弁が立ったためしがなく、絶えず言葉の選択に迷っていたという。しかし、それでも気持ちよく人と話ができるようになり、自説は以前より人に受け入れられ、相手の間違いも穏便に指摘できるようになったという。弱点を補って余りある効果があったわけだ。

『自伝』では、この重要性を以下のように説いている。

〈私が新しい制度を提案したり、古い制度の改革を提案したりする場合、私の意見が同胞《どうほう》市民の間で早くから重要視されたのも、種々の公けの会議に議員となって相当勢

力を振ったのも、もっぱらこの習慣のおかげであると思う〈もっとも第一には誠実な男と思われていたためではあるが〉

たしかに、フランクリンが携わった数々の大事業は、いずれも多くの賛同者がいなければ不可能だった。もちろん社会的な価値が大きかったことは間違いないが、同時に人を説得し、納得させる技術も持ち合わせていたということだ。それこそが、この「ソクラテス式」の習慣だったのである。

また後年、ペンシルベニア州会議員の任にあったときにも、新たに就任した州知事に対して「州会と争わないように注意すればうまくいく」とアドバイスを送っている。

わざわざこんなことを言ったのは、この州知事が自他ともに認める「議論好き」だったからだ。これに関する『自伝』の言説は、なかなか鋭い。

〈なんでも彼の父は夕食後の食卓で、いつも子供たち同士に議論させて、それを気晴らしにしていたため、彼も子供のころから議論好きに育てられたのだそうである。けれども、こんなことをするのは賢明ではないと思う。私が見てきたところでは、理窟《りくつ》屋《や》で反対好きで言葉争いに耽《ふけ》るような連中は、多くは仕事のほうがうまく行かないようだ。彼らは勝つことはある。しかし、勝利よりも役に立つ、人の好意というものをうることは決してないのだ〉

これには共感できる人が多いだろう。どんなに立派な言説でも、威圧的な態度で話されるとつい反発したくなるものだ。あるいは自分の発言を頭ごなしに否定されたら、自説のほうが正しいと確信していても、わざわざ反論を試みるより退席を望むだろう。

その時点で、〝Win-Win〟なコミュニケーションは不可能になる。相手にそんな思いをさせないよう、まずは自分が気をつけることだ。

要は、重点をどこに置くかである。その場で圧倒して一瞬の快楽を得るか、中長期的な目標のために対話的なスタンスをとり、賛同を得ていくか。成果を求めるビジネスパーソンなら、答えは一つだろう。

フランクリンのこういう姿勢を高く評価したのが、かのデール・カーネギーだ。

その有名な著書『人を動かす』で、〈人のあつかい方と自己の人格を陶冶《とうや》する方法を知りたければ、ベンジャミン・フランクリンの自叙伝を読めばよい。（中略）この自伝で、フランクリンは、いかにして自己の議論好きな悪癖を克服し、有能さと人あたりの良さと外交的手腕にかけてはアメリカ一流の人物になれたか説明している〉として、前述のエピソードを紹介しているのである（引用は山口博訳、創元社刊より）。

なお余談ながら、この「ソクラテス式論争法」の本質は、どんな議論でも自分が絶対的に優位に立ち、相手を自家撞着《じかどうちゃく》に陥れることにあった。いわば〝ディベート術〟である。だが「毒が強すぎる」と判断したためか、フランクリンはこの部分を封印し、謙虚な話術だけを残したのである。

ただし、かつてキーマーの下で働いていた時代には、しばしば議論好きな彼の相手をさせられ、常にこの論争法を使って圧勝していたという。とても太刀《たち》打《う》ちできないと悟ったキーマーは、フランクリンのこの能力を、今度は自分のために使おうと考える。新たな宗派を興して自分が教義をつくる一方、フランクリンに他宗派の論敵をことごとく撃破してくれないかと持ちかけたのである。詳細は省くが、フランクリンが断ったことはいうまでもない。

39
仕事上の対立相手との人間関係を大切にせよ

『自伝』には、前述の「議論好きの知事」の次に就任した知事も登場する。

まだアメリカがイギリスの植民地だった当時、州知事は本国イギリスの領主から派遣されていた。だが、英米の関係は良好だったわけではない。詳しくは4章で述べるが、アメリカが自主独立の道を模索していたのに対し、イギリスの領主はあくまでも植民地として支配下に置こうとしていたためだ。

したがって、新知事の就任も現地ではさして歓迎されなかった。課税の方法や法律の制定をめぐって新知事と州会は激しく対立し、解決の糸口すら見つけられない状態が続いたのである。

ところが、興味深いのはこの新知事とフランクリンの関係だ。〈知事との間には個人的な敵意は少しも起らず、二人はしばしば一緒になったものだ。彼は学問もあり、世間も広く、話がなかなか面白く愉快だった〉

実はフランクリンには、こういうパターンが少なくない。意見が激しく対立する相手とでも、意外とプライベートでは仲良くできてしまうのである。「それはそれ、これはこれ」としっかり整理しているわけだ。

現代でも、こういう関係は少なくない。特に成功している人ほど、その関係をうまく利用している感がある。例えばテレビの討論生番組に出演して激論を戦わせても、CMに入ったとたん、互いに柔和《にゅうわ》な笑顔に戻ることはよくある。「言い過ぎちゃってごめんなさい」「こちらこそ」などと頭を下げることとすらある。ある意味で出演者としての役割を理解し、それを演じているのである。

あるいは、ライバル関係にある会社のトップどうしが情報交換をしていたり、何らかの協定を結んでいたりすることもある。一歩間違えれば「談合」だが、公私の区別をきっちりつけたほうが、お互いにメリットが大きいということだろう。

たしかに、これは悪いことではない。むしろ「坊主憎けりゃ……」とばかり、意見の合わない相手の存在や人格まで否定してしまうほうが、よほどみっともないし意味がない。言うべきことは言うが、相手の立場は最大限尊重する。そして公私の区別はつけるが、相手や場所によって主義主張まで変えたりはしない。それが大人の対応というものだ。

こういうことがナチュラルにできたからこそ、フランクリンは多くの仲間や支持者からの信頼を集めたのだろう。およそ「人望の厚さ」とは、こういう関係の積み重ねの上に成り立つのである。

40 「親切な悲観屋」はどこにでもいるものだ。惑わされるな

フランクリンは人からの目線を意識しただけではなく、人に対する評価の目も鋭かった。例えばキーマーについては、以下のように一刀両断する。

〈彼は変り者で、世間というものを一向に知らず、一般に行われている意見にむやみと反対するのが好きで、不潔そのものと言ってもいいくらいにだらしがなく、宗教上のいくつかの点については狂信的なところがあり、それでいて多少無頼なところもあった〉

単に「好き嫌い」や「気が合う・合わない」ではなく、どういうところがダメなのか、辛辣《しんらつ》ながら細かく分析しているところがおもしろい。

ただ、最初から人を見る目を持っていたわけでもないようだ。例えば一八歳のとき、

ボストンからフィラデルフィアへ向かう船上で、フランクリンは二人の若い女性と一人の老婦人に出会う。当然ながら若い女性に興味を持ち、また女性の側もフランクリンに関心がある様子で、両者はトントン拍子に接近していく。こういう状況に至れば、誰でも舞い上がるところだろう。

ところが、そこに老婦人が立ちふさがる。わざわざフランクリンを呼び、「あの二人の女性は危険だから近づかないほうがいい。振る舞いを見ていればそれがわかる」と忠告したのである。

そうは思っていなかったフランクリンだが、老婦人の親切に感謝し、以後女性たちに近づかないことを約束する。実はこれが、大正解だった。女性たちは売春婦であり、かつ航行中に船長室からモノを盗み出す窃盗犯でもあったのである。

『自伝』では、〈航海の途中、船は暗礁《あんしょう》に触れながら難破を免れたのであったが、この女たちの難を免れたことのほうが、私にとってはむしろ意味深いことであった〉と述懐している。こういう経験を経て、見る目を養っていったのだろう。

逆に痛快なのが、フィラデルフィアで独立・起業した直後の話だ。

地元の名士の一人がフランクリンの店を訪れ、わざわざ「絶対にうまくいかない」と説きはじめた。理由は、「フィラデルフィア自体が衰退する一方だから」。地価が上がったり新しい建物ができたりするのは〝見せかけ〟で、市民の多くはすでに破綻《はたん》状態にあるという。

ある意味で〝親切心〟からの忠告だろうが、さすがにフランクリンも〈半分憂鬱《ゆううつ》症《しょう》にかかってしまった〉らしい。しかし、意に介さず事業を続け、結局大成功したことはすでに述べたとおりである。

フランクリンは「どの土地にもこういう悲観屋がいるもの」と冷静に評した上で、件《くだん》の名士のその後についても触れている。それによると、彼は自説を全《まっと》うすべく、フィラデルフィアで家を買おうとはしなかったという。

〈ところが、ついに、(彼は)最初に不吉な予言を始めた時分の五倍もの代価《だいか》を払って一戸《いっこ》を買ったのであるから、私は快哉《かいさい》を叫ばずにはいられなかった〉

フランクリンの〝してやったり顔〟が目に浮かぶようである。

フランクリンの「土地」のみならず、どんな会社や組織にも「悲観屋」はいるものだ。特に上層部の人ほど、この傾向がある。たしかに優れたブレーキも不可欠だが、利きすぎると前に進めなくなる。

「悲観屋は悲観が仕事」と割り切って、そういう人の意見を気にしない図太さも必要だろう。

Chapter

4

自分に限界をつくらない

——どんな状況でも「強く生きる知恵」

仕事を追い立てよ。仕事に追い立てられるな。

41 仕事のスタイルが一貫していれば、大きな仕事を躊躇しなくなる

世の中に、ビジネスで大成功して尊敬を集めた経営者は少なくない。「鉄鋼王」と呼ばれたA・カーネギーや「自動車王」のH・フォードなどはその典型だ。その経営哲学は、今日の経営者ないし管理職者にとってもおおいに参考になるだろう。

あるいは今日的な〝アメリカンドリーム〟といえば、何かの事業で莫大な富を得て早々に第一線を退き、その後は家族とともに悠々自適の日々を過ごす、というのが一つのパターンだ。その実現者たちも、もちろん尊敬や憧憬《しょうけい》の対象になり得る。

しかし、同じ尊敬でも、フランクリンの場合はいささか種類が違う。前述したとおり、貧しい印刷工としてキャリアをスタートさせた彼は、やがて独立・起業するとともに多くの有力者の知己を得ていく。そして彼らに見込まれ、郵便局長、市会議員、

州会議員、義勇軍連隊長などを歴任。晩年にはアメリカ一国を代表する存在となり、独立宣言書の起草委員の一人にも選ばれている。

つまり、単にビジネスで成功しただけではなく、文化関係から政治・軍事関係にまで活躍のフィールドを広げたのだ。どれほどの富を得ても、早期に引退しようなどという気は皆無で、社会から請われるままに身を粉《こ》にして働き続けた。

経営や金儲けのスペシャリストとしてではなく、オールマイティなゼネラリストとして生涯を送ったわけだ。そのトータルな人間性そのものが、多くの人の範となっているのである。

またその生きざまは、イギリスからの独立を果たそうとしていたアメリカの姿とも重なる。福沢諭吉が「一身独立して一国独立す」と説いたとおり、個々人がそれぞれ社会に貢献することが、独立国家の礎になるということだ。

状況はまるで違うが、こういう精神から現代の私たちが学べることは多い。もはや高い成長率は期待できず、終身雇用や年功序列の時代も過ぎ去った。どういう人や仕事にめぐり合い、どんな役職に就くかは、本人の実力しだいだ。

逆にいえば、仕事でそれなりの成果を築くことで、いくらでも上を目指せるということでもある。必然的に周囲から期待され、人を指導する立場になり、よりスケールや責任の大きな仕事に携わることになるだろう。

もちろん、こういうステップアップはリスクでもある。小さな仕事がうまくいったからといって、大きな仕事までうまくいく保証はない。

しかし、かといってせっかくのチャンスを「自分はまだその器《うつわ》ではない」と固辞してしまうのももったいない。最初は慣れなくても、あるいは多少失敗しても、果敢にチャレンジすることで結果的に「器」も大きくなるのではないだろうか。

例えば部下が五人から五〇人に増えたとしたら、たしかに戸惑うだろう。五〇〇人になればもっと大変だ。しかし、絶対に無理かといえば、けっしてそうではない。五人を率《ひき》いてきた経験をベースに考えれば、あとはスケール感覚の問題である。

時間が経つほどに、少しずつ慣れていくだろう。むしろ初めて五人の部下を持つほうが、経験がない分、ハードルは高いのではないだろうか。

実際、フランクリンの場合も、周囲から期待されてステップアップしていくプロセスの中で、躊躇《ちゅうちょ》ないし固辞した様子は窺えない。おそらくその要因は、〝地続き感〟にある。どんな肩書でどんな事業に携わろうとも、仕事のスタイルやノウハウは、独立・起業した当時から一貫して変えなかったのである。

42

「公平中立」を貫き通すことが、最大の利益を生む

一七五四年、北米大陸で「フレンチ・インディアン戦争」が勃発。先住民インディアンと同盟を結んで南北の交易路を確保しようとしたフランス軍と、開拓地を西部に広げようとしていたイギリス軍および植民地一三州の兵が激突したが、早い話が英仏による領地争奪戦であり、入植者と先住民との争いでもあった。

このとき、各州の代表は戦争にどう備えるべきか、一堂に会して協議することになった。その会にペンシルベニア州代表として参加したのが、州会議員だったフランクリンだ。

そこで彼が行ったのは、かつて「ジャントー・クラブ」を立ち上げたときと同様、得意の〝起草〟だ。曰く〈国土の防衛およびその他重要な共同の目的のために必要な

限度において、全植民地が一つ政府の下に連合する〉というものである。要するに、本国イギリスに頼らず、アメリカとして自律的に国土を防衛する方針を打ち出したのだ。この案は協議の場で好評を博し、満場一致で可決された。

ところがその後、本国イギリスと、各代表がそれぞれ持ち帰った各州の議会の双方において、この案はあっさり否決されてしまう。イギリスでは植民地の自由裁量が大きすぎるとされ、各州議会ではイギリスの特権が残りすぎていると指摘されたのである。つまり、双方がまったく逆の見方をして反対したわけだ。

この事実を捉え、フランクリンは〈私の案こそまさに中庸をえていたのではあるまいか。もしこれが採用されていたら、英米双方にとって仕合わせであったろうと今でも私は考えている〉と述懐している。さすが、公平中立を旨とするフランクリンらしい提案だったわけだ。

実際、この後の経緯は英米双方にとってハッピーとはいえなかった。

フレンチ・インディアン戦争は、イギリスからの資金提供と軍隊の派遣によって英米側の勝利で終わる。これによってフランスの脅威は一掃され、北米大陸から諍《いさか》いの火種は消えたはずだった。ところがその代償として、植民地には膨大な戦費が重税の形で押しつけられることになる。当然ながら、アメリカとしてはおもしろくない。

ここから英米の対立が激化し、一七七三年には「ボストン茶会事件」が発生する。ボストンの港に停泊していたイギリス船に市民が侵入し、積荷だった東インド会社の紅茶箱を海に投げ捨てたのである。

この事件をきっかけに、両者の緊張はいっそう高まり、やがて独立戦争へとつながっていった。

フランクリンは以下のように続ける。

〈私の案のように各植民地が連合すれば、立派に自らを守るだけの武力はできたはずで、そうすれば英本国の軍隊はまったく不必要になり、その結果として起ったアメリカへの課税《かぜい》の口実《こうじつ》も、またそのために起ったあの流血の抗争も、当然避けることができたはずである。もっともこうした過《あやま》ちはこれが初めてではないので、歴史は国家や国王の過ちで充《み》ちみちているのだ〉

43

あらゆる起案の鉄則
――まず全体像、将来像を俯瞰せよ

ところで、この「重要な共同の目的のために必要な限度において、全植民地が一つ政府の下に連合する」というフランクリンの提案には、目を見張るべき〝原石〟が隠されている。実はこの案は、その後のアメリカ合衆国の姿そのものなのだ。

当時のアメリカは、一三の植民地がバラバラに存在し、それぞれイギリスが任命した州知事によって統治されていた。フランクリンは、それを一つに束ねて連合体としての政府を樹立すべき、と説いたのである。新しい国家の姿をデザインするという、壮大な構想だ。

それは必然的に、イギリスからの独立性を高めることになる。とはいえ、独立国家としてすべてを統一する必要はない。それぞれの植民地内でうまくいっている部分については、従来どおり独自に統治すればよい。しかし軍事をはじめ外交的な問題は一元的に取り組んだほうが合理的、というわけだ。

これはまさに、今日のアメリカの姿に近い。つまりフランクリンは、将来の国の原型をこの段階でデザインしていたことになる。「アメリカ資本主義の育ての親」である以前に、合衆国の父でもあったといえるだろう。

しかも興味深いのは、少なくとも『自伝』で見るかぎり、この案を世紀の大発見として扱うのではなく、ごくあっさりと起草していることだ。それだけ事柄の本質を見通す力に長《た》けていたのだろう。

細かい部分にこだわって積み上げていくというより、大所高所から全体像や将来像を俯瞰し、その視点から今何をするのがもっとも理にかなっているかを考える。これが、フランクリンの思考パターンだ。

だからスケールが友人レベルから国家レベルに拡大しても、さして気負うこともない。しかも〝無理筋〟にはならず、常に多くの賛同者を得ることができる。これは、人の上に立って方針を示す際の鉄則だろう。

ついでにいえば、このフランクリンの提案は、「地方分権」が叫ばれて久しい日本にも通用しそうだ。明治以降、日本は基本的に中央集権国家のままで今日に至っている。それがうまく機能した時代もあったが、今や弊害ばかりが指摘されている。

そこで、地方がそれぞれの特色を活かして自治に努める一方、国は地方に極力関与せず、外交・防衛などに専念するという国家像が提唱されている。

もちろん、植民地時代のアメリカはバラバラの状態であり、明治時代以降の日本とはまったく逆だ。しかし、まさにこの両者の〝中庸〟こそ、フランクリンが筋を通して描いた国家像だったのではないだろうか。

44 筋を通すことが、信頼と富を生む大原則

フレンチ・インディアン戦争の際、フランクリンはさらに興味深いエピソードを残している。

ついに戦争に突入し、彼の意に反してイギリスから軍隊が到着したときのこと。同隊の将軍は一五〇台の馬車を現地調達すべく、部下を使って方々に手を回した。ところが、集まったのはわずか二五台だった。

このとき、アメリカの郵政長官代理としてたまたま将軍のもとを訪ねていたフランクリン、商人としての血が騒いだのか、「自分の地元であるペンシルベニアなら調達できる。農民の多くが馬車を持っているから」と提案。将軍はただちにこれに応じ、農民への条件提示も含めて一任した。郵政長官代理から切れ者の商社マンに豹変《ひょうへん》した

わけだ。

ここから先は、まさに商売人としての面目躍如である。ペンシルベニアに帰ると同時に、馬車と馬とその世話人をレンタルする旨を記した「布告」を発表。賃借の料金、支払いの時期、従軍の途中で壊れた場合の補償、世話人はけっして軍事行動に参加しないことなど、六つの具体的な条件を箇条《かじょう》書きで提示した。

これも得意の〝ルール化〟の一種といえるだろう。


さらに、同じく得意の文章を付け加えて念押しもしている。ギクシャクしはじめていた英米双方の関係を考えれば、とりあえず協力したほうが得策であること、求めに応じれば相当の富を得られること、安全で楽な仕事であることなどを強調。また一方で、協力しなければ軍隊が強制執行するおそれがある、との〝脅《おど》し文句〟も忘れない。ただし、今日の商社ではあり得ない、以下のようなフランクリンらしい一文も書き添えている。

〈余はこのことに個人的な利害関係を持つ者ではない。善をなそうと努めたという満

足感のほかには、骨を折った報《むく》いとして得られるものは何もないのである〉

実際、要請に応じた農民に対し、フランクリンが前金として支払った金額は、軍隊から預かった額よりずっと大きかった。この差額分は、自腹を切って用立てたらしい。しかしそのかいもあって、最終的には一五〇台の馬車と二五九頭の馬を揃えることができたという。

この事例から、私たちが学べることは少なくない。一つは、やはり徹底的にフェアであるということだ。自分の損得ではなく、また特定の誰かのためでもなく、関わる全員にとって最適の解は何かを常に考える。これは、言い方を換えれば「筋を通す」ということでもある。

その結果、本人の意思にかかわらず、周囲からの信頼を集め、押し上げられる形で次々と要職が巡ってくるわけだ。それはやがて、本人の大きな富にもつながることになる。むしろガツガツと自分の利益ばかり追求していると、周囲から信頼されることも押し上げられることもなく、結局小さな利益しか得られない。どれほど時代が変わろうとも、この社会原則は変わらないだろう。

45

交渉の場では、肝心なことは箇条書きにせよ

人との交渉・約束のあり方について、『自伝』には、件の「布告」の全文がそのまま掲載されている。大成功したこともあり、フランクリンにとっても相当の〝自信作〟だったのだろう。

たしかに仕事で何か取り決めをするなら、具体的な条件を箇条書きで明文化し、双方で共有するのがもっとも合理的だ。まさにアメリカ流「契約社会」の原点がここにある。

しかもこの方法が優れているのは、相手が誰であっても通用すること。たとえ格上の人との契約であっても、具体的な条件を提示して双方で合意するというプロセスは変わらない。だから気負う必要はないし、自分の要求を並べることもできる。従来の

延長線上で対処できるわけだ。

ただし、これを可能にするためには、ふだんから箇条書きによる条件の洗い出しに慣れておくことが絶対条件になる。いわば契約書を自ら作成するわけだ。その点、フランクリンの時代はすべてが手づくりだった。だから仕事が〝地続き〟になりやすく、「筋を通す」ことが根本原則になりやすかったともいえるだろう。

フランクリンにとっては、仲間うちのルールづくりも、政治的な法案の起草も、ビジネス上の契約書の作成も、約束を取り付けるという意味では同じ範疇《はんちゅう》の仕事だったに違いない。

ところが今は、どんな契約でもたいていフォーマットが存在する。そこに署名するか否かが、ビジネスの最大の焦点になることもある。いちいち契約書を書き上げるより、そのほうが合理的だ。まして多くの人にとって法案の起草・提案に縁はないし、友人・知人間のルールを明記することも少ない。その意味では、フランクリンの手法を模倣することはなかなか難しいかもしれない。

ならばせめて、さまざまな交渉の場において、「これだけは守ってもらいたい」という部分だけを箇条書きにして提示してみるのはいかがだろう。それをたたき台にすれば話も進みやすいし、後で「言った」「言わない」の水掛け論になることもなくなるはずだ。

すべてを明文化するアメリカ型の契約社会が理想的とはいえないが、概して日本は肝心な部分を曖昧《あいまい》にしたままやり過ごす傾向がある。わずかばかりフランクリンを見習うことは、双方にとってプラスに働くだろう。

いささか余談ながら、フランクリンはその後、この「布告」のために茨《いばら》の道を歩むことになる。イギリス軍の将軍が自らへの過信から大敗北を喫《きっ》し、借り受けた馬車と馬の大半が失われたのである。

貸した農民は「布告」どおりの補償を求めてフランクリンのもとに殺到し、また軍は敗走と大混乱の中で支払いを遅らせた。幸い、ギリギリのところで軍は支払いに応じたが、〈その総額はほぼ二万ポンドに達し、それを支払ったら私は破産していたであろう〉と振り返っている。

つまりフランクリンにとっては、かなりハイリスク・ローリターンの仕事だったわけだ。本来、こういうことにはあまり手を出さない人物のはずだが、社会のため、国のためにせざるを得なかったのだろう。そんな社会性に満ちた使命感を持っていたからこそ、信頼と人望を集めることもできたのである。

46

リーダーこそメモをとれ

この戦争の最中、フランクリンはさらに大役を任される。相変わらずギクシャクしていた英米関係を改善するため、ペンシルベニア州会の代表として渡英し、領主と直接交渉を行うことになったのである。これを契機として、晩年まで多くの時間を海外で過ごすことになる。

英米の対立点は、アメリカの独立性をどこまで認めるかという点にあった。政治的にいえば、法律の制定・施行の権限をどちらがどの程度持つかという問題でもある。

イギリス側としては、法律は国王が発布するものであり、植民地であるアメリカは服従するのが当然という立場だ。一方アメリカ側は、イギリスの法律に従う義務はなく、あくまでも州会が独自に制定すると主張する。

フランクリンはイギリスで複数の要人と交渉に臨んだが、さしもの彼も、容易に解決策を見出《みいだ》すことはできなかった。まったく平行線をたどるばかりで、お互いに歩み寄る余地さえなかったのである。

ただし、このプロセスで興味深いのは、議論の中身そのものではなく、フランクリンがとった一つの行動だ。イギリスの枢密院《すうみついん》議長と交渉に臨んだときのこと、議長はフランクリンの主張を「まったく間違っている」と全否定し、「国王こそ植民地の立法者」と説いた。

結局、この席も結論の出ないまま終了したが、当然ながらフランクリンとしては納得がいかない。特にイギリスの宮廷が植民地に対して抱いている認識について、〈少々意外な感があった〉らしい。予想以上に支配者意識が強かったということだろう。そこで宿に帰ると、その様子をすぐメモに書き留めた。これが重要なポイントだ。

おそらく、こうしてメモをとることは、フランクリンの身に染みついた習慣だったのだろう。これが直面する問題の論点整理を容易にし、さまざまな起草や条件の箇条書き等につながっていたに違いない。

メモぐらいはいつでもとっている、という人は多いはずだ。しかし、それが本当に後で役立つかとなると微妙だろう。二度と見返すことがなかったり、見返しても意味不明だったりすることが少なくない。

しかし私は、人の上に立つ人こそメモのとり方に長けているべきだと思っている。およそリーダーの仕事とは、自分の意見を部下に押しつけることではなく、逆に部下の意見を吸い上げて集約することにあるからだ。誰が何を言ったかを瞬時かつ正確に汲《く》み取れなければ、リーダーの役割は覚束《おぼつか》ないはずだ。

そこで訓練のために、例えば会議を活用してはいかがだろう。自動でできることもあるが、パソコンを持ち込み、参加者の発言の要点をあえて逐一記録していくのである。大画面に映して参加者全員がリアルタイムで見られるようにすればなおよいし、それが無理ならホワイトボードに書き込んでいく形でもよい。それを会議の終了と同時にプリントアウトすれば、たちまち議事録が完成する。参加者や関係者に配れば、重宝がられることは間違いない。

私がこれをおすすめするのは、実際にその利便性を経験しているからだ。一般的な会議の場合、仮に議事録がつくられたとしても、配布されるまでには数週間のタイムラグがある。だが正直なところ、それを読み返すことはほとんどない。とうの昔に会議の熱は冷めているし、印象も薄くなっているからだ。

しかしある会議のとき、リアルタイムで発言を書き込んでくれる人がいた。おかげで論点がズレたり堂々巡りになったりすることもなく、議事はきわめてスムーズに進んだ。またその会議でまとめるべき文書も、全員がリアルタイムで推敲《すいこう》できた。一人が高い技術を発揮してくれたために、会議全体の生産性が大幅にアップしたのである。

こういう技を身につけるには、若いうちからの訓練が必要だ。しかし、けっして難しくはない。要はメモやノートをとる作業を公開で行うようなものだ。意識して繰り返してみれば、しだいに慣れてくるだろう。そしてもちろん、この作業は要約力の向上にも役立つはずだ。

47

偉人たちは雑事に強い

メモをとったり、箇条書きの文書をまとめたりといった作業は、リーダーの仕事としてイメージされにくいかもしれない。そういう細かな「雑事」は部下に任せるべきだ、という意見もあり得るだろう。

たしかに効率を考えれば、ある程度の役割分担は不可欠だ。しかしこれらは、あらゆる仕事に通用するベーシックな技術である。「苦手だから」「面倒だから」と逃げていては、リーダーとしての仕事にもいつか支障をきたす。

実際、フランクリンはこの部分がしっかりしていたからこそ、どんな役職でもどんなスケールの仕事でも、さして躊躇することなくこなすことができたのではないだろうか。

今風にいい換えるなら、フランクリンは異動ないし転職に強かったということでもある。「自分は印刷屋だ」と限定することなく、政治・軍事といったジャンルにこだわらず、あるいはスケールの大小にもこだわらず、何でも請われる役割があれば引き受けて成果を出す。土台がしっかりしていたから、いくらでも応用できたわけだ。

おそらくは、「雑事」という概念すら持っていなかったのだろう。この使命感にも似た仕事観は、私たちもおおいに見習う必要がある。

フランクリンにかぎらず、概して過去の偉人たちは諸事を根気よくこなす習慣を身につけていた。例えば福沢諭吉にしても孔子にしても、若いころからさまざまな経験を積んできたおかげで、たいがいのことは一人でできると述べている。勝海舟も、「今どきの人は根気がない」と苦言を呈し、何でもコツコツこなす重要性を説いていた。

あるいは夏目漱石も、若き日の芥川龍之介と久米正雄に宛てた手紙の中で、「牛になれ」という含蓄のあるメッセージを送っている。

〈牛になる事はどうしても必要です。吾々はとかく馬にはなりたがるが、牛には中々なり切れないです。（略）あせつては不可《いけま》せん。頭を悪くしては不可せん。根気づくでお出でなさい。世の中は根気の前に頭を下げる事を知つてゐますが、火花の前には一瞬の記憶しか与へて呉れません。うんうん死ぬ迄《まで》押すのです。（略）何を押すかと聞くなら申します。人間を押すのです。文士を押すのではありません〉〔『漱石全集〈第二十四巻〉書簡（下）』、岩波書店〕

彼らに共通するのは、そもそもすべて自分でやらなければいけない時代だったということ、だから手作業に慣れていること、そして「やりがい」とか「自己実現」などと仕事とを結びつけて考えていないことだ。フランクリンと同様、人に求められることや社会的な使命感を最優先に考え、自身の感情は二の次だったように思われる。

実際、雑事は排除するより、こなす能力を身につけたほうが手っとり早かったのだろう。平たくいえば、彼らの日々は雑事にまみれていたのである。少なくとも、今風にいう「スペシャリスト」ではない。

だが、そのような日々だったからこそ、歴史に名を残すような偉業につながったともいえる。雑事の範囲は文字どおり雑多にわたり、それぞれ人と交渉したり、知恵を出したり、何らかの取り決めをしたりする必要がある。そしてこれらは、あらゆる仕事に求められる基本的な能力でもある。

この繰り返しの中で能力を磨き、同時に精神的なタフさも身につけることができたのではないだろうか。

48

「自分年表」をつくってみる。そこから限界を突破するヒントが見つかる

さて、『自伝』の巻末にはフランクリンの生涯を見通せる詳細な「年表」がついている。これを一読してみると、ほとんど息つく暇なく次々と新たなチャレンジを繰り返した感がある。簡単に振り返ってみよう。

一七〇六年にボストンで生まれたフランクリンは、前述のとおり二一歳で「ジャントー・クラブ」を立ち上げ、二二歳で印刷所の主となる。今日ある公共図書館の基礎をつくったのは二五歳、大ベストセラー&ロングセラー『貧しいリチャードの暦』を出版したのは二六歳のときだった。

三〇歳で消防組合を設立し、三一歳でフィラデルフィア郵便局長に就任。四〇歳か

ら電気の研究に従事する。四五歳で今日のペンシルベニア大学の設立を主導し、フィラデルフィア代表の州会議員にも選ばれている。

さらに五〇歳になると、件の電気研究が認められてイギリス学士院会員に選ばれるとともに、ペンシルベニア義勇軍連隊長に就任。そして五一歳以降、独立戦争が始まる六九歳まで、いくつもの州の代表として主にイギリスで過ごすことになる。『自伝』の記述はこのあたりで終わっているが、晩年の最大のトピックといえば、やはりアメリカの独立建国だろう。フランクリンは七〇歳で独立宣言書起草委員に選ばれ、同年に使節の一人として渡仏。その後、米仏同盟条約の締結に尽力するとともに、駐仏全権公使、対英講和会議代表にも就任している。

ようやく帰国したのは七九歳のとき。その五年後に八四歳で生涯を閉じると、アメリカでは国葬が営まれ、フランスでも国会が三日間の喪に服したという。それに値する、堂々たる人生だ。

そこで提案。一度、私たちも「自分年表」をつくってみてはいかがだろう。小・中学校、高校、大学時代、そして社会人になってから今日に至るまで、それぞれの時期にどんな出来事があったか、誰と出会い、何に熱中していたか、書き出してみるのである。いわば自分の半生の〝棚卸し〟をするわけだ。

そうすると、「自分はこんなことに興味があったのか」「この出来事が今の自分にこんな影響を及ぼしている」「ここで彼（彼女）に出会ったのか」といった発見が少なからずあるはずだ。その観点から、今の自分を見つめ直してみていただきたい。

前述したとおり、昨今のビジネスパーソンはいささかスペシャリスト志向が強すぎる気がする。何かのスキルを身につけるのはおおいにけっこうだが、それが逆に「自分にはこれしかできない」と視野を狭める要因になっているのではないだろうか。

むしろ昔の自分を参照しつつ、興味や感性にしたがって「あれもこれも」と欲張ってみると、案外できることも少なくないのではないか。「世のため人のため」を第一義として働いていれば、世や人が自動的に持ち上げてくれるのではないか。

フランクリンの生涯を追うにつけ、そんな人間と社会の豊かな可能性を感じずにはいられない。

（了）

フランクリン略年表

1706年	0歳	ボストンで生まれる。
1718年	12歳	兄の印刷所で働きはじめる。
1723年	17歳	兄と衝突し、フィラデルフィアでキーマーの印刷所に勤務。
1724年〜	18歳〜	ロンドンで印刷工として働く。
1726年	20歳	
1727年	21歳	ジャントー・クラブを立ち上げる。
1728年	22歳	印刷所を開業する。

1729年　23歳　新聞「ペンシルベニア・ガゼット」発行。

1730年　24歳　デボラ・リードと結婚。

1731年　25歳　公共の組合図書館を始める。

「十三徳」を樹立する。

1732年　26歳　『貧しいリチャードの暦』を出版、ベストセラーに。

1736年　30歳　ユニオン消防組合をつくる。

1737年　31歳　フィラデルフィア郵便局長に就任。

1746年　40歳　電気の研究に従事する。

1752年　46歳　稲妻が電気であることを発見。

1756年　50歳　ペンシルベニア義勇軍連隊長に就任。

イギリス学士院会員に選ばれる。

1757年 51歳 『富に至る道』を出版。

1776年 70歳 独立宣言書起草委員に選出される。

1778年 72歳 米仏同盟条約の調印に尽力。

1779年 73歳 駐仏全権公使となる。

1781年 75歳 対英講和会議代表となる。

1790年 84歳 フィラデルフィアにて没。

国葬が営まれる。

本書はＰＨＰ研究所から刊行された『筋を通せば道は開ける　フランクリンに学ぶ人生の習慣』を改筆・再編集のうえ、改題したものです。

今日《きょう》から実践《じっせん》できる成功哲学《せいこうてつがく》
「フランクリン」超《ちょう》・入門《にゅうもん》

著　者――齋藤孝（さいとう・たかし）

発行者――押鐘太陽

発行所――株式会社三笠書房

〒102-0072 東京都千代田区飯田橋3-3-1
電話：(03)5226-5734（営業部）
　　：(03)5226-5731（編集部）
https://www.mikasashobo.co.jp

印　刷――誠宏印刷

製　本――若林製本工場

編集責任者　本田裕子

ISBN978-4-8379-2955-0 C0030